DESPEGAMOS

JAPONES

Nociones básicas para hacerse entender

Tien Tammada

LAROUSSE

Título original: ญี่ปุ่นทันใจพูดได้ด้วยปลายนิ้ว เทียร ธรรมดา
Autor: Tien Tammada

Edición tailandesa

© Leelaaphasa Co., Ltd.
63/120 Moo 8, Tambon Saothonghin, Bangyai District,
Nonthaburi 11140 Thailand
leelaaphasa2008@gmail.com
Todos los derechos reservados.

Edición alemana

© PONS Langenscheidt GmbH, Stuttgart (2024)
Traducción al alemán: Ta Tammadien, Mari Okamoto y Hubert Möller
Corrección: Yoko Baba y K. Patanant
Ilustraciones interiores: K. Kiattisak y Purmpoon Khamnuanta
Maqueta: Wachana Leuwattananon y Mienton Pantana

Edición española

Dirección editorial: Jordi Induráin
Coordinación de la edición: Sofía Acebo
Corrección: Gemma Brunat
Adaptación de maqueta: El Taller del Llibre
Cubierta: Toni Cabré

© Núria Gasó Gómez, por la traducción
© Larousse Editorial, S.L., 2024
Bac de Roda, 64, edificio D, 1.ª planta
08019 Barcelona
clientes@grupoanaya.es • www.larousse.es

Primera edición: 2024
ISBN: 978-84-10124-52-3
DL: B-10066-2024
1E1I

PAPEL DE FIBRA
CERTIFICADO

Prólogo

Viajar a países lejanos es de lo más divertido y fascinante. De hecho, cuando se pregunta a la gente qué le gusta hacer, viajar suele aparecer entre las primeras opciones.

Para viajar al extranjero, a menudo debemos enfrentarnos a otra lengua. Y, aunque muchas personas consideran que aprender un idioma es un quebradero de cabeza, la verdad es que adentrarse en una lengua nueva no es tan difícil. Además, nos abrirá un abanico de oportunidades.

Tanto si tu objetivo es pasar unas vacaciones maravillosas en Japón, ligar con alguien de allí o darte cuenta de que esa misma persona está coqueteando contingo (¿será tu media naranja?), como si simplemente quieres comenzar a familiarizarte con el japonés desde cero, no esperes a dar el primer paso.

Deja las dudas atrás y ponte manos a la obra. ¡Ha llegado el momento de empezar a hablar japonés!

¡Despegamos!

Una vez tomada la decisión de aprender japonés, este libro te ayudará a dar el primer paso. Para arrancar no tienes por qué inscribirte en un curso de idiomas ni preocuparte por complejas normas gramaticales.

Cualquiera que haya aprendido alguna vez un idioma y haya llegado a dominarlo sabe que, al principio, lo más importante, lo más rápido y lo más fácil es lanzarse de cabeza. Lo demás va rodado. No es necesario que inviertas demasiado tiempo en prepararte. No le des más vueltas: ¡lánzate a la piscina!

Este libro te ayudará a conseguirlo gracias a ilustraciones, palabras y frases. Cuando durante un viaje te topes con los primeros obstáculos lingüísticos, consulta el capítulo correspondiente. Ahí encontrarás las frases y los términos básicos para comunicarte.

Además, este manual utiliza colores para emparejar las palabras y su pronunciación, así como para indicar de qué tipo de palabra se trata. En la última página encontrarás la explicación completa sobre este uso de los colores.

Si tu pronunciación aún no es perfecta, puedes señalar con el dedo la imagen o la frase de al lado y te harás entender de inmediato. Así de sencillo y así de rápido, porque este libro se titula:

Japonés. ¡Despegamos! Nociones básicas para hacerse entender

ÍNDICE

La vida cotidiana

にちじょうかいわ
日常会話
ni-chi-jō-kai-wa

Saludarse

あいさつ
挨拶
ai-sat-su

おはようございます。	こんにちは。	こんばんは。
o-ha-yō-go-zai-masu	kon-ni-chi-wa	kon-ban-wa
¡Buenos días!	¡Buenas tardes!	¡Buenas noches!

げんき
お元気ですか。
o-gen-ki-desu-ka

¿Qué tal?

___

げんき
元気です。
gen-ki-desu*

Bien, gracias.

___

* En la palabra «desu» la «u» es muda.

はい | いいえ

hai

Sí.

iie

No.

ありがとう。

a-ri-ga-tō

Gracias.

ありがとう
ございます。

a-ri-ga-tō
go-zai-masu

Muchas gracias.

どういたしまして。

dō-i-ta-shi-mashi-te

De nada.

私の名前は…です。
wa-ta-shi-no na-ma-e-wa... desu

Me llamo...

お名前は何ですか 。
o-na-ma-e-wa-nan-desu-ka

¿Cómo se llama?

はじめまして。
ha-ji-me-mashi-te*

Encantado/a.

スペインから来(き)ました。
Su-pe-i-n-ka-ra-ki-ma-shi-ta

Soy de España.

日本語を話せません 。
ni-hon-go-o ha-na-se-ma-sen

No hablo japonés.

少し日本語を話せます。
su*-ko-shi ni-hon-go-o ha-na-se-masu*

Hablo un poco de japonés.

日本語で何と言いますか。
ni-hon-go-de nan-to-ī-masu-ka

¿Cómo se llama esto en japonés?

もう1回 言って頂けますか。
mō-ik_kai it_te** i-ta-da-ke-masu-ka

¿Puede repetirlo, por favor?

ゆっくり話して頂けますか。
yuk-ku-ri ha-na-shi-te
i-ta-da-ke-masu-ka

¿Puede hablar más despacio, por favor?

---

* En la palabra «mashi-te» la «i» es muda.
* En la palabra «su-ko-shi» la «u» es muda.
* En la palabra «masu» la «u» es muda.
** La línea roja baja _ indica una pausa breve.

すみません、…へは
どうやって行きますか。
su-mi-ma-sen, …e-wa dō-yat-te-i-ki-masu-ka

Disculpe, ¿cómo puedo ir a...?

どういう意味ですか。
dō-i-u-i-mi-desu-ka

¿Qué significa?

それは何ですか。
so-re-wa nan-desu-ka

¿Qué es?

何と言いましたか。
nan-to-ī-mashi-ta-ka

¿Cómo dice?

すみません。
su-mi-ma-sen

Disculpe.

大丈夫です。
dai-jō-bu-desu

Ningún problema.

ここはどこですか。
ko-ko-wa do-ko-desu-ka

¿Dónde estoy?

...へはどうやって行きますか。
...e-wa dō-yat_te-i-ki-masu-ka

¿Cómo puedo ir a...?

ここからどれ位の距離ですか。
ko-ko-ka-ra-do-re-ku-rai-no-
kyo-ri-desu-ka

¿A qué distancia está?

... さん ... san	señor, señora
... はどこですか。 ... wa-do-ko-desu-ka	¿Dónde está?
これをお願いします。 so-re-o-o-ne-gai-shi-masu	Quiero...
いくらですか。 i-ku-ra-desu-ka	¿Cuánto cuesta?
私はこれが好きです。 wa-ta-shi-wa-ko-re-ga-su-ki-desu	Me gusta.
私はそれが嫌いです。 wa-ta-shi-wa-so-re-ga-ki-rai-desu	No me gusta.
まあまあ mā-mā	Más o menos.
すごい! su-gōi	¡Genial!
素晴らしい! su-ba-ra-shī	¡Maravilloso!

さいこう
最高!　　　　　　　　　　¡Excelente!
sai-kō

よ
良い/ いい　　　　　　　　bien
yo-i / ī

とてもいい　　　　　　　　muy bien
to-te-mo-ī

わる
悪い　　　　　　　　　　　mal
wa-ru-i

ひどい　　　　　　　　　　muy mal
hi-doi

たくさん　　　　　　　　　mucho
taku-san

すこ
少し　　　　　　　　　　　poco
su-ko-shi

いくつか　　　　　　　　　un poco
i-ku-tsu-ka

ま
ちょっと待ってください。　Un momento, por favor.
chot_to-mat_te-ku-da-sai

ま
少々お待ちください。　　　Un segundo, por favor.
shō-shō-o-ma-chi-ku-da-sai

<ruby>近<rt>ちか</rt></ruby>いうちに<ruby>会<rt>あ</rt></ruby>いましょう! chi-kai-u-chi-ni-a-i-ma-shō	¡Hasta pronto!
またあとで! ma-ta a-to-de	¡Hasta luego!
また<ruby>明日<rt>あした</rt></ruby>! ma-ta-ashi-ta	¡Hasta mañana!
さようなら! sa-yō-na-ra	¡Adiós!
<ruby>誰<rt>だれ</rt></ruby>? da-re	¿Quién?
<ruby>何<rt>なに</rt></ruby>? na-ni	¿Qué?
どこ? doko	¿Dónde?
いつ? i-tsu	¿Cuándo?
なぜ? naze	¿Por qué?
どうやって? dō-yat_te	¿Cómo?
いくら／いくつ? i-ku-ra / i-ku-tsu	¿Cuánto cuesta? / ¿Cuánto(s)?

いってきます!*
it_te-ki-masu

¡Nos vemos!

いってらっしゃい!**
it_te-ras_shai

¡Feliz día!

* Literalmente, いって = ir; きます = venir.

«Me voy ya, pero no te preocupes, seguro que vuelvo».

** Literalmente, いって = venir; らっしゃい = volver.

«Ahora te vas, pero, por favor, vuelve».

«Ahora usted se va, pero, por favor, vuelva».

En el aeropuerto
くうこう
空港にて
kū-kō-ni-te

くうこう
空港　　　　　　　　　　　　aeropuerto
kū-kō

にゅうこくしんさ
入国審査は どこですか。　　¿Dónde está el control
nyū-koku-shin-sa-wa-do-ko-desu-ka　de pasaportes?

ひ　こう　き
飛行機　　hi-kō-ki

しない　　　　　　　い
すみません、市内へはどうやって行きますか。
su-mi-ma-sen, shi-nai-e-wa dō-yat_te-i-ki-masu-ka
Disculpe, ¿cómo puedo ir al centro de la ciudad?

えき
駅はどこですか。
e-ki-wa-do-ko-desu-ka
¿Dónde está la estación de tren?

でぐち
de-gu-chi
Salida

すみません、
でぐち
出口はどこですか。
su-mi-ma-sen,
de-gu-chi-wa-do-ko-desu-ka

Disculpe, ¿dónde está la salida?

el avión

てい
バス停はどこですか。
basu-tei-wa-do-ko-desu-ka

¿Dónde está la parada de autobús?

のりば
タクシー乗場はどこですか。
taku-shī-no-ri-ba-wa-do-ko-desu-ka

¿Dónde está la parada de taxis?

かんこう あんないじょ
観光案内所 はどこですか。

kan-ko-an-nai-jo-wa-do-ko-desu-ka

¿Dónde está el punto de información turística?

てごろ　　　　　　おし
手頃なホテルを教えてもらえますか。

te-go-ro-na-ho-te-ru-o o-shi-e-te-mo-ra-e-masu-ka

¿Puede recomendarme un hotel económico?

ちゅうしんがい
中心街までどれくらいますか。

shu-shin-gai-ma-de-do-re-ku-rai-desu-ka

¿A qué distancia está el centro de la ciudad?

お　　　　ばしょ　　おし
降りる場所を教えてください。

o-ri-ru-ba-sho-o-o-shi-e-te-ku-da-sai

Cuando tenga que bajarme, ¿podría avisarme?

バス

ba-su

---

autobús

この住所 まで送ってください
ko-no-ju-sho-ma-de-o-kut_te-ku-da-sai
Lléveme a esta dirección, por favor.

乗車料金 はいくらですか。
jō-sha-ryō-kin-wa-i-ku-ra-desu-ka
¿Cuánto cuesta el trayecto?

クレジットカードで払えますか。
ku-re-jit_to-kā-do-de-ha-ra-e-masu-ka
¿Puedo pagar con tarjeta?

ありがとうございました。
a-ri-ga-tō-go-zai-mashi-ta
Muchas gracias por su ayuda.

タクシー
taku-shī

---

taxi

でんしゃ

電車
den-sha

---

tren

ち か てつ

地下鉄
chi-ka-te-tsu

---

metro

<ruby>新幹線<rt>しんかんせん</rt></ruby>

新幹線
shin-kan-sen

tren de alta velocidad

<ruby>船<rt>ふね</rt></ruby>

船
fu-ne

barco

El alojamiento

しゅくはくしせつ
宿泊施設 / shu-ku-ha-ku-shi-se-tsu

くうしつ
空室はありますか。
kū-shi-tsu-wa-a-ri-masu-ka

¿Tiene habitaciones disponibles?

へや　み
部屋を見せてください。
he-ya-o-mi-se-te-ku-da-sai

¿Puedo ver la habitación?

いくらですか。
i-ku-ra-desu-ka

¿Cuánto cuesta esta?

ちょうしょくつ
朝食付きですか。
chō-sho-ku-tsu-ki-desu-ka

¿Está incluido el desayuno?

なまえ　へや　よやく
...の名前で（部屋を）予約しました。
...no-na-ma-e-de (he-ya-o)
yo-ya-ku-shi-mashi-ta

Tengo una habitación reservada a nombre de...

これが<ruby>私<rt>わたし</rt></ruby>のパスポートです。
ko-re-ga-wa-ta-shi-no-pa-su-pō-to-desu

Aquí tiene mi pasaporte.

インターネットはありますか。
in-tā-net_to-wa-a-ri-masu-ka

¿Hay wifi?

<ruby>金庫<rt>きんこ</rt></ruby>はありますか。
kin-ko-wa-a-ri-masu-ka

¿Hay caja fuerte?

チェックアウトは<ruby>何時<rt>なんじ</rt></ruby>ですか。
chek_ku-au-to-wa-nan-ji-desu-ka

¿Cuándo tengo que dejar la habitación?

<ruby>受付<rt>うけつけ</rt></ruby>はいつも<ruby>開<rt>あ</rt></ruby>いていますか。
u-ke-tsu-ke-wa-i-tsu-mo-a-i-tei-
masu-ka

¿La recepción está abierta todo el día?

…部屋をお願いします。
… be-ya-o-o-ne-gai-shi-masu

Querría una habitación para…

1人
hi-to-ri

una persona.

2人
fu-ta-ri

dos personas.

<ruby>家<rt>か</rt>族<rt>ぞく</rt></ruby>
ka-zo-ku
una familia.

てんじょう
天井
ten-jō
techo

ほんだな
本棚
hon-da-na
estantería

ランプ
ranpu
lámpara

まど
窓
ma-do
ventana

スイッチ
su-it-chi
interruptor

めざ　　　どけい
目覚まし時計
me-za-ma-shi-do-kei
despertador

まくら
ma-ku-ra
almohada

つくえ
机
tsu-ku-e
escritorio

いす
i-su
silla

でんげん
電源プラグ
den-gen-pu-ra-gu
clavija

コンセント
kon-sen-to
enchufe

エアコン
ea-kon
aire acondicionado

カーテン
kā-ten
cortina

ハンガー
han-gā
percha

ぼうし
bō-shi
sombrero

かばん
kaban
bolso

ひきだし
hi-ki-da-shi
cajón

ティーシャツ
tī-shat-su
camisetas

ズボン
zu-bon
pantalones

くつ
ku-tsu
zapatos

もうふ
毛布
mō-fu
colcha

じゅうたん
絨毯
jū-tan
alfombra

ベット
bet_to
cama

En el dormitorio

しんしつ
寝室 / shin-shi-tsu

En el baño

浴室 / yo-ku-shi-tsu

よくしつ

かがみ
鏡
ka-ga-mi
espejo

バスローブ
ba-su-rō-bu
albornoz

じゃぐち
蛇口
ja-gu-chi
grifo

シンク
shin-ku
lavamanos

でんき
電気カミソリ
den-ki-ka-mi-so-ri
máquina de afeitar

ドライヤー
do-rai-yā
secador

タオル
ta-o-ru
toalla

せんたく
洗濯カゴ
sen-ta-ku-ka-go
cesto de la ropa

はみが こ
歯磨き粉
ha-mi-ga-ki-ko
dentífrico

ハブラシ
ha-bu-ra-shi
cepillo de dientes

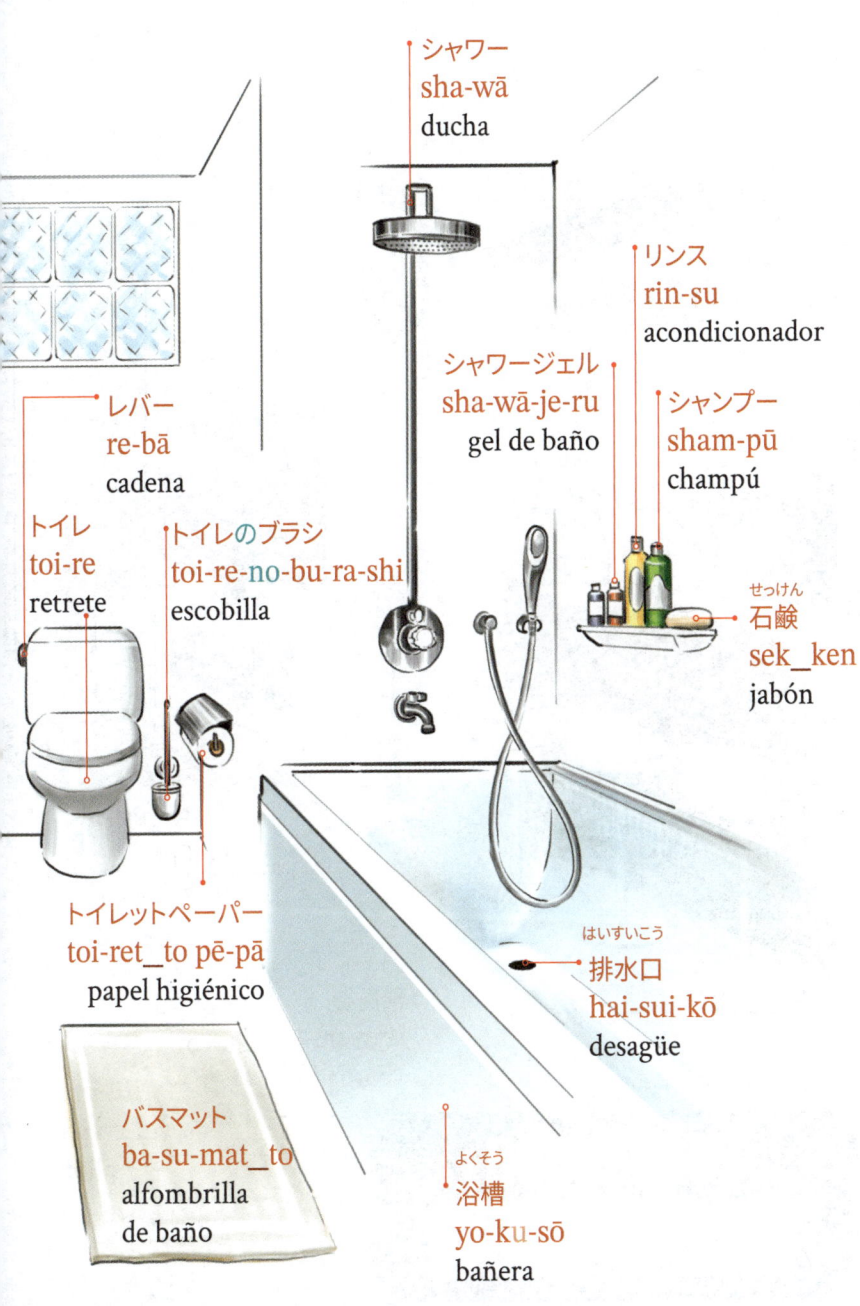

シャワー
sha-wā
ducha

リンス
rin-su
acondicionador

シャワージェル
sha-wā-je-ru
gel de baño

シャンプー
sham-pū
champú

レバー
re-bā
cadena

トイレ
toi-re
retrete

トイレのブラシ
toi-re-no-bu-ra-shi
escobilla

せっけん
石鹸
sek_ken
jabón

トイレットペーパー
toi-ret_to pē-pā
papel higiénico

はいすいこう
排水口
hai-sui-kō
desagüe

バスマット
ba-su-mat_to
alfombrilla
de baño

よくそう
浴槽
yo-ku-sō
bañera

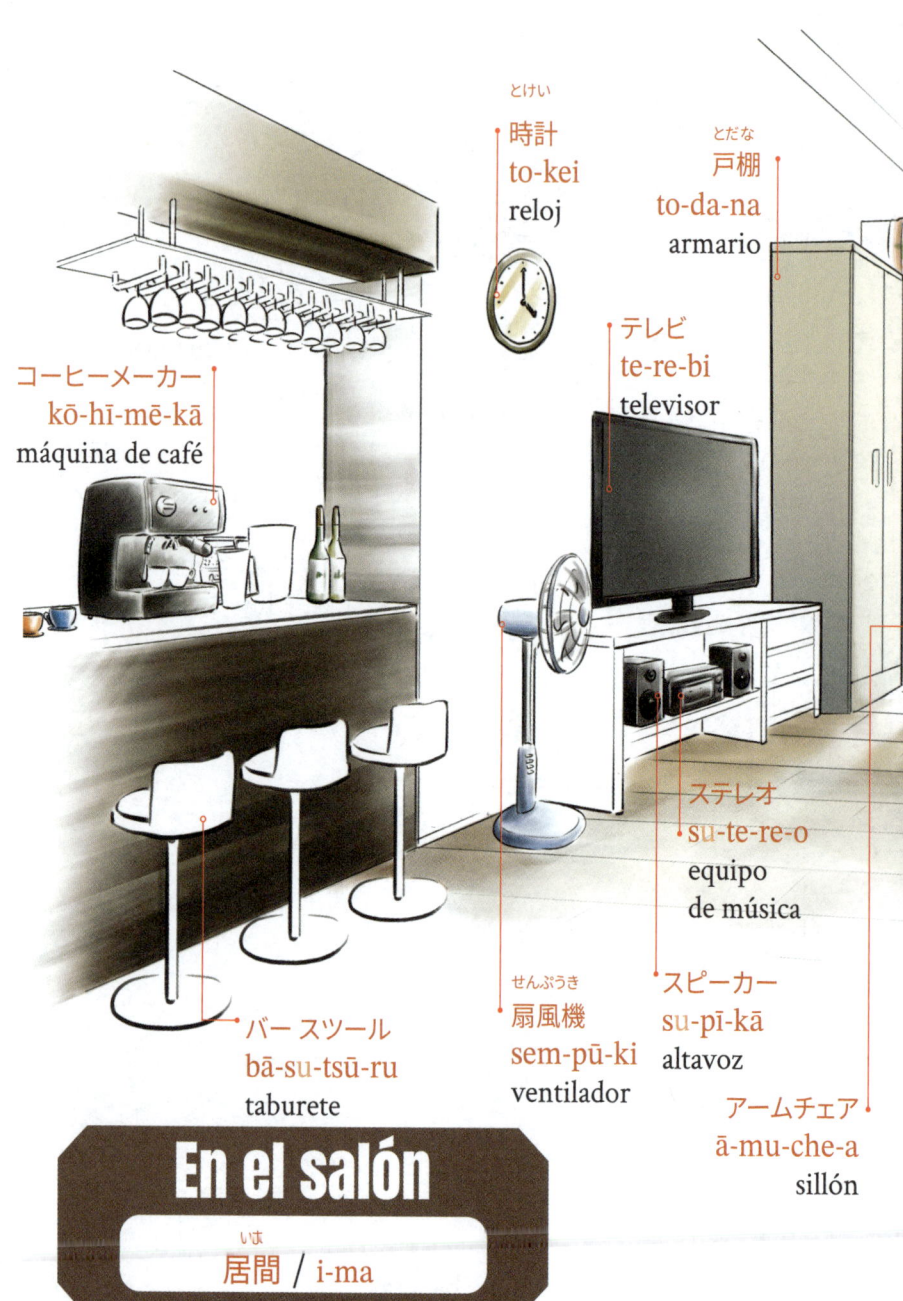

とけい
時計
to-kei
reloj

とだな
戸棚
to-da-na
armario

テレビ
te-re-bi
televisor

コーヒーメーカー
kō-hī-mē-kā
máquina de café

ステレオ
su-te-re-o
equipo
de música

バー スツール
bā-su-tsū-ru
taburete

せんぷうき
扇風機
sem-pū-ki
ventilador

スピーカー
su-pī-kā
altavoz

アームチェア
ā-mu-che-a
sillón

En el salón

いま
居間 / i-ma

シャンデリア
shan-de-ri-a
lámpara

ピアノ
pi-a-no
piano

え
絵
e
cuadro

ほん
本
hon
libros

バイオリン
bai-o-rin
violín

テーブル
tē-bu-ru
mesa

かびん
花瓶
ka-bin
jarrón

はな
花
ha-na
flores

リモコン
ri-mo-kon
mando a distancia

ソファー
so-fā
sofá

でんわ
電話
den-wa
teléfono

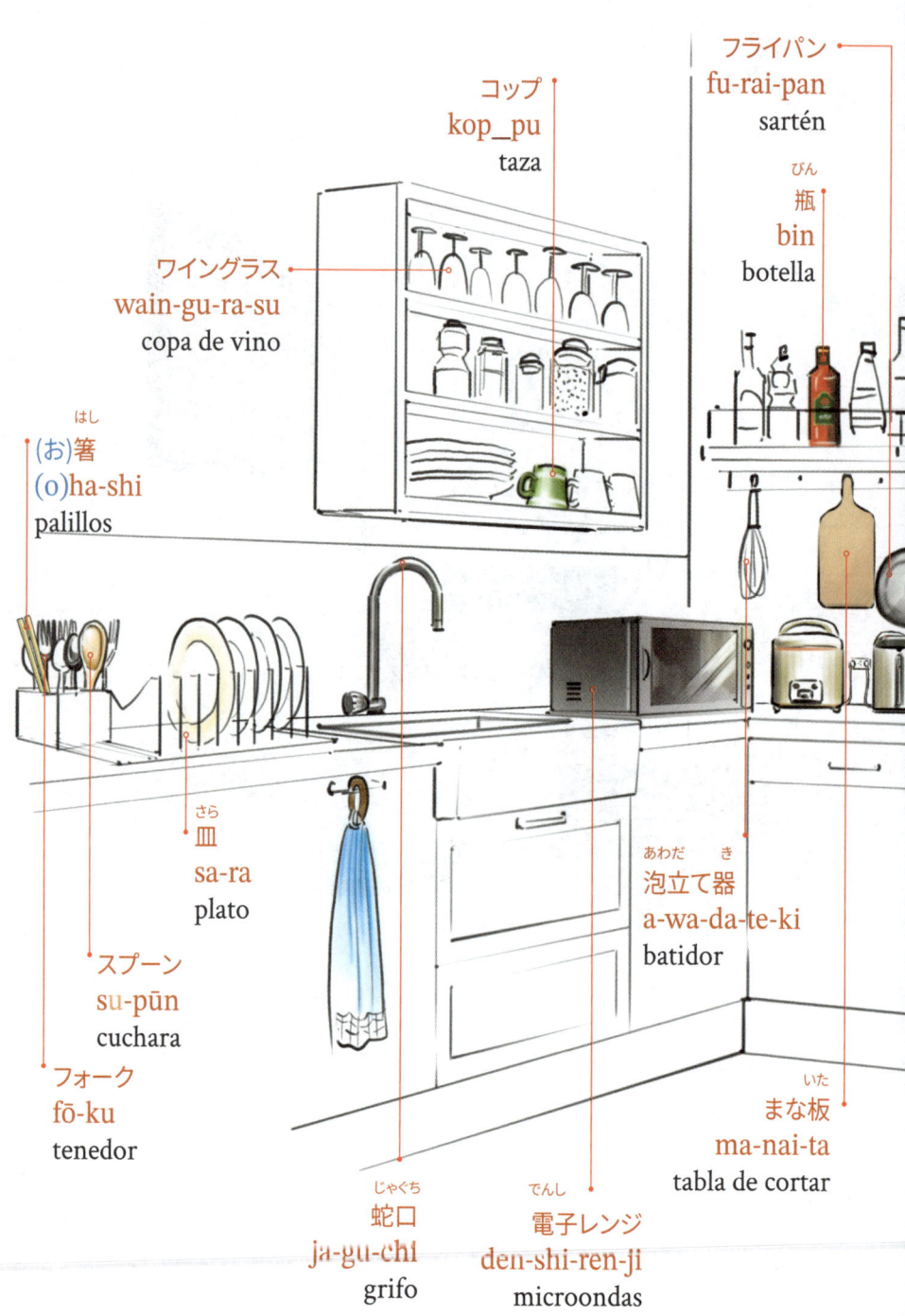

コップ
kop_pu
taza

フライパン
fu-rai-pan
sartén

びん
瓶
bin
botella

ワイングラス
wain-gu-ra-su
copa de vino

はし
(お)箸
(o)ha-shi
palillos

さら
皿
sa-ra
plato

スプーン
su-pūn
cuchara

フォーク
fō-ku
tenedor

あわだ き
泡立て器
a-wa-da-te-ki
batidor

まな板
いた
ma-nai-ta
tabla de cortar

じゃぐち
蛇口
ja-gu-chi
grifo

でんし
電子レンジ
den-shi-ren-ji
microondas

En la cocina

台所 / dai-do-ko-ro
(たいどころ)

包丁
(ほうちょう)
hō-chō
cuchillo

鍋
(なべ)
na-be
olla

台所用品
(だいどころようひん)
dai-do-ko-ro-yō-hin
utensilios de cocina

オーブン
ō-bun
horno

冷蔵庫
(れいぞうこ)
rei-zō-ko
nevera

Excursiones por la ciudad y salidas al campo

旅行（都心と郊外）ryo-kō (to-shin-to-ko-gai)

りょこう　としん　こうがい

この辺に観光名所はありますか。

へん　　かんこう　めいしょ

ko-no-hen-ni-kan-kō-mei-sho-wa-a-ri-masu-ka

¿Hay algún sitio de interés turístico por aquí?

でんとうてき　きょうどりょうり　　　　　あじ
伝統的な郷土料理はどこで味わえますか。
den-tō-te-ki-na-kyō-do-ryō-ri-wa-do-ko-de-a-ji-wa-e-masu-ka

¿Dónde puedo probar comida típica de aquí?

Viajar en tren

でんしゃ　　　りょこう
電車での旅行 / den-sha-de-no-ryo-kō

えき
駅はどこですか。
e-ki-wa-do-ko-desu-ka

¿Dónde está la estación de tren?

けんばいき
券売機はどこですか。
ken-bai-ki-wa-do-ko-desu-ka

¿Dónde está la máquina expendedora de billetes?

きっぷう　　ば
切符売り場はどこですか。
kip_pu-u-ri-ba-wa-do-ko-desu-ka

¿Dónde está la taquilla?

きっぷ
切符はいくらですか。
kip_pu-wa-i-ku-ra-desu-ka

¿Cuánto cuesta el billete?

していせき　　まい　ねが
指定席を 1枚お願いします。
shi-tei-seki-o i-chi-mai
o-ne-gai-shi-masu

Un billete para un asiento numerado, por favor.

じゆうせき　　まい　ねが
自由席を1枚お願いします。
ji-yū-se-ki-o i-chi-mai
o-ne-gai-shi-masu

Un billete para un asiento sin numerar, por favor.

かたみち きっぷ　　まい
片道チ切符を1枚ください。
ka-ta-mi-chi-kip_pu-o-i-chi-mai
kudasai

Un billete sencillo, por favor.

おうふくきっぷ　ねが
往復切符をお願いします。　　　　　Un billete de ida y vuelta,
ō-fu-ku-kip_pu-o-o-ne-gai-shi-masu　por favor.

していせき　よやく
指定 席を予約したいです。　　　　　Quiero reservar un asiento.
shi-tei-se-ki-o-yo-ya-ku-shi-tai-desu

でんしゃ　なんじ　で
電車は何時に出ますか。　　　　　　¿Cuándo sale el tren?
den-sha-wa-nan-ji-ni-de-masu-ka

の　　か
乗り換えはありますか。　　　　　　¿Tengo que hacer
no-ri-ka-e-wa-a-ri-masu-ka　　　　　transbordo?

つぎ　えき
次の駅はどこですか。　　　　　　　¿Cuál es la próxima parada?
tsu-gi-no-eki-wa-do-ko-desu-ka

お　　えき　おし
降りる駅で教えてください。　　　　¿Me podrá decir cuándo
o-ri-ru-e-ki-de o-shi-e-te-　　　　　me tengo que bajar?
kudasai

En la estación de tren

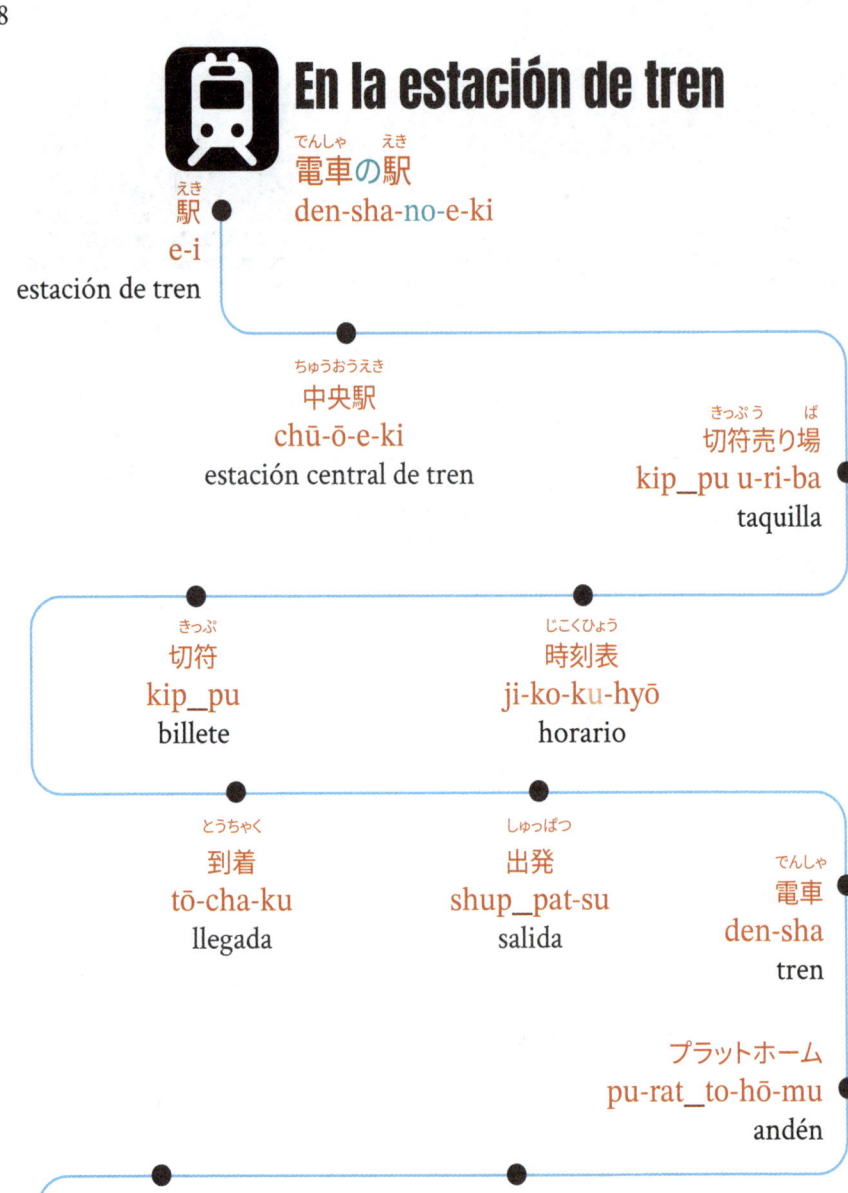

でんしゃ えき
電車の駅
den-sha-no-e-ki

えき
駅
e-i
estación de tren

ちゅうおうえき
中央駅
chū-ō-e-ki
estación central de tren

きっぷう ば
切符売り場
kip_pu u-ri-ba
taquilla

きっぷ
切符
kip_pu
billete

じこくひょう
時刻表
ji-ko-ku-hyō
horario

とうちゃく
到着
tō-cha-ku
llegada

しゅっぱつ
出発
shup_pat-su
salida

でんしゃ
電車
den-sha
tren

プラットホーム
pu-rat_to-hō-mu
andén

きゅうこうれっしゃ
急行列車
kyū-kō-resh_sha
tren de alta velocidad

しんだいしゃ
寝台車
shin-dai-sha
coche cama

してい せき
指定席
shi-tei-se-ki
asiento numerado

じゆうせき
自由席
ji-yū-se-ki
asiento sin numerar

せき　よやく
席の予約
se-ki-no-yo-ya-ku
reserva de asiento

かたみち
片道
ka-ta-mi-chi
billete sencillo

おうふく
往復
ō-fu-ku
ida y vuelta

ついかりょうきん
追加料金
tsui-ka-ryō-kin
suplemento

じょうしゃ
乗車
jō-sha
subir (al tren)

げしゃ
下車
ge-sha
bajar (del tren)

の　か
乗り換え
no-ri-ka-e
hacer transbordo

か

何<ruby>時<rt>なんじ</rt></ruby>に<ruby>電車<rt>でんしゃ</rt></ruby>／バス／<ruby>地下鉄<rt>ちかてつ</rt></ruby>／

<ruby>路面電車<rt>ろめんでんしゃ</rt></ruby>は <ruby>出発<rt>しゅっぱつ</rt></ruby>しますか。

nan-ji-ni den-sha / ba-su / chi-ka-te-tsu /
ro-men-den-sha-wa shup_pat-su-shi-masu-ka

¿A qué hora sale el tren / el autobús / el metro?

すみません、切符を買うのを

手伝ってもらえますか。

su-mi-ma-sen, kip_pu-o-ka-u-no-o-
tet-su-dat_te mo-ra-e-masu-ka

Disculpe, ¿puede ayudarme
a comprar un billete?

...へ行きたいです。/ ...に行きたいです。
...e-i-ki-tai-desu   ...ni-i-ki-tai-desu

Quiero ir a...

Excursiones en autobús

バスと路面電車での観光 / ba-su-to-ro-men-den-sha-de-no-kan-kō

バス ba-su	autobús, bus
バス停 basu-tei	parada de autobús
バス運賃 basu-un-chin	la tarifa del autobús
降車ボタン kō-sha-bo-tan	botón de aviso de parada
バス運転手 basu-un-ten-shu	conductor/a

…はどこですか。

…wa do-ko-desu-ka

¿Dónde está...?

バス停はどこですか。

ba-su-tei-wa-do-ko-desu-ka

¿Dónde está la parada de autobús?

しんごうき
信号機
shin-gō-ki
semáforo

バイク
bai-ku
motocicleta

じてんしゃ
自転車
ji-ten-sha
bicicleta

くるま
車
ku-ru-ma
coche

Por tu cuenta en coche, moto, bicicleta o a pie

くるま　　　　　　　　じてんしゃ　とほ　　　いどう
車、オートバイ、自転車、徒歩での移動
ku-ru-ma, ō-to-bai, ji-ten-sha, to-ho-de-no-i-dō

とお 通り tō-ri	calle
こうさてん 交差点 kō-sa-ten	cruce
い　　ちょくしん まっすぐ行く / 直進する mas_su-gu-i-ku / cho-ku-shin-su-ru	caminar/conducir todo recto
みぎ　ま　　　うせつ 右に曲がる / 右折する mi-gi-ni-ma-ga-ru / u-setsu-su-ru	girar a la derecha
ひだり　ま　　　させつ 左に曲がる / 左折する hi-da-ri-ni-ma-ga-ru / sa-setsu-su-ru	girar a la izquierda
ガソリンスタンドはどこですか。 ga-so-rin-su-tan-do-wa-do-ko-desu-ka	¿Dónde hay una gasolinera?
ここ ko-ko	aquí
あそこ a-so-ko	allí
ちか 近い chi-ka-i	cerca
とお 遠い tōi	lejos
ほけん 保険 ho-ken	el seguro
い どのガソリンを入れたらいいですか。 do-no-ga-so-rin-o- i-re-ta-ra-ī-desu-ka	¿Con qué gasolina debo repostar?

Arte y ocio

アートとレジャー活動 / ā-to-to-re-jā-ka-tsu-dō

かつどう

かぶき
歌舞伎
ka-bu-ki
kabuki
(teatro clásico japonés)

すもう
相撲
su-mō
sumo

えいがかん
映画館
ei-ga-kan
cine

アートギャラリー
ā-to gya-ra-rī
galería de arte

びじゅつかん　はくぶつかん
美術館 / 博物館
bi-juts-kan / ha-ku-buts-kan
museo de arte / museo

プール
pū-ru
piscina

おんせん
温泉
on-sen
aguas termales

サウナ
sa-u-na
sauna

こうえん
公園
kō-en
parque

ジム
ji-mu
gimnasio

Lugares de interés turístico

かんこうめいしょ
観光名所 / kan-kō-mei-sho

とうきょう　　　とうきょう
東京タワー（東京）
to-kyo-ta-wā
Torre de Tokio (Tokio)

ふじさん　　　しずおか　　　やまなし
富士山　（静岡 /　　山梨）
fu [fu-ji-san]
Monte Fuji (Shizuoka/Yamanashi)

こうとくいん　　　だいぶつ
高徳院 の大仏
kō-to-ku-in-no-dai-but-su
El Gran Buda (Kanagawa)

ひめじじょう
姫路城
hi-me-ji-jo
Castillo de Himeji (Hyogo)

ひろしまへいわ きねんひ　（ひろしま）
広島平和記念碑　（広島）
hi-ro-shi-ma-hei-wa-ki-nen-hi
Cúpula Genbaku (Hiroshima)

きよみずでら　　（きょうと）
清水寺　（京都）
ki-yo-mi-zu-de-ra
Templo Kiyomizudera (Kioto)

ちゅうぶさんがくこくりつこうえん
中部山岳国立公園
chu-bu-san-ga-ku-ko-ku-ri-tsu-ko-en
Parque Nacional Chubu Sangaku
(Nagano, Gifu, Toyama, Nīgata)

きんかくじ　　（きょうと）
金閣寺　（京都）
kin-ka-ku-ji
Kinkaku-ji o Templo del
Pabellón Dorado (Kioto)

いつくしま　　　（ひろしま）
厳 島　　（広 島）
i-tsu-ku-shi-ma
Santuario Itsukushima (Hiroshima)

こうきょ（とうきょう）
皇居（東京）
kō-kyo
Kokyo o Palacio Imperial (Tokio)

おおさかじょう　（おおさか）
大阪城（大阪）
o-sa-ka-jō
Castillo de Osaka (Osaka)

とうだいじ　（なら）
東大寺(奈良)
tō-dai-ji
Tōdai-ji (Nara)

しらかわごう　　　ぎふ
白川郷　（岐阜）
shi-ra-ka-wa-go
Shirakawago (Gifu)

ふ ら の　　（ほっかいどう）
富良野　（北海道）
fu-ra-no
Furano (Hokkaido)

En la panadería

パン屋 / pan-ya

あんぱん
am-pan

anpan (bollo blanco japonés relleno con pasta de judía)

クリームパン
ku-rī-mu-pan

bollo relleno de crema pastelera

ツナパン
tsu-na-pan

pan de atún

カレーパン
ka-rē-pan

pan de curri

メロンパン
me-ron-pan

bollo de melón

パン
pan

---

pan

<ruby>焼<rt>や</rt></ruby>きそばパン
ya-ki-so-ba-pan

---

panecillo relleno
de fideos salteados

<ruby>明太子<rt>めんたいこ</rt></ruby>パン
men-tai-ko-pan

---

panecillo con hueva de abadejo

En la carnicería

<ruby>肉屋<rt>にくや</rt></ruby> / ni-ku-ya

<ruby>豚<rt>ぶた</rt></ruby>
bu-ta

cerdo

<ruby>豚肉<rt>ぶたにく</rt></ruby>
bu-ta-ni-ku

carne de cerdo

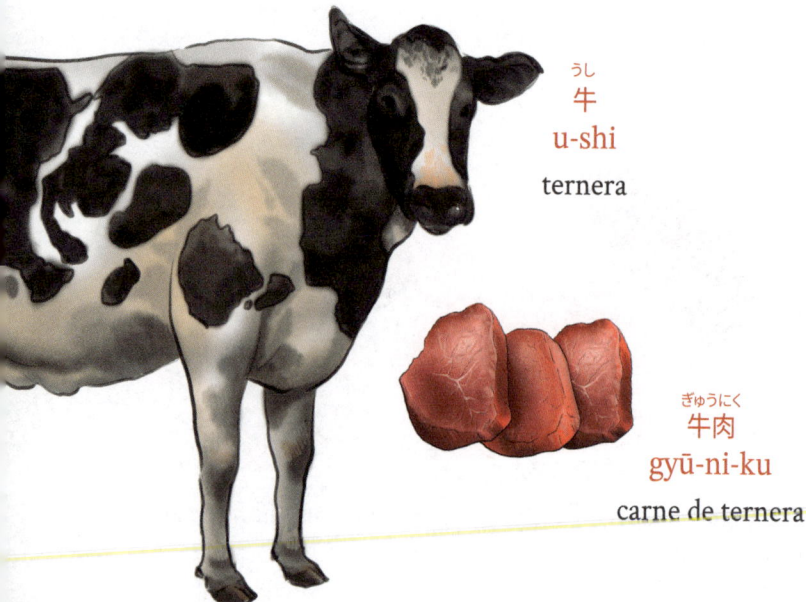

<ruby>牛<rt>うし</rt></ruby>
u-shi

ternera

<ruby>牛肉<rt>ぎゅうにく</rt></ruby>
gyū-ni-ku

carne de ternera

いのしし
猪
i-no-shi-shi

jabalí

いのししにく
猪肉
i-no-shi-shi-ni-ku

carne de jabalí

かも
鴨
ka-mo

pato

かもにく
鴨肉
ka-mo-ni-ku

carne de pato

とりにく
鶏肉
to-ri-ni-ku

carne de pollo

とり
鶏
to-ri

pollo

En la pescadería

さかなや
魚屋 / sa-ka-na-ya

ぶり
鰤
bu-ri

medregal del Japón

さかな
魚
sa-ka-na

pescado

エビ
e-bi

gamba

うなぎ
鰻
u-na-gi

anguila

いせ
伊勢えび
i-see-bi

langosta

カニ
ka-ni

cangrejo

タラ
ta-ra

bacalao

マグロ
ma-gu-ro

atún

イカ
i-ka

calamar

<small>しゃけ</small>
鮭
sha-ke

salmón

<small>さば</small>
鯖
sa-ba

caballa

<small>かつお</small>
鰹
ka-tsu-o

bonito

カキ
ka-ki

ostra

En la verdulería

やおや
八百屋 / ya-o-ya

1. ナス na-su
berenjena

2. きゅうり kyū-ri
pepino

3. ブロッコリー bu-rok_ko-rī
brócoli

4. かぶ ka-bu
nabo

はくさい
5. 白菜 ha-ku-sai
col china

6. グリーンピース gu-rin-pī-su
guisantes

7. カリフラワー ka-ri-fu-ra-wā
coliflor

8. にんじん nin-jin
zanahoria

しそ
9. 紫蘇 shi-so
albahaca japonesa

1. ショウガ shō-ga
jengibre

2. レタス re-ta-su
lechuga

3. かぼちゃ ka-bo-cha
calabaza

4. アーモンド ā-mon-do
almendra

5. ピーナッツ pī-nat_tsu
cacahuete

6. ごぼう go-bō
raíz de bardana

7. ニンニク nin-ni-ku
ajo

8. キノコ ki-no-ko
seta

9. じゃがいも ja-ga-i-mo
patata

10. トウモロコシ tō-mo-ro-ko-shi
maíz

11. クルミ ku-ru-mi
nuez

2

1

3

4

5

6

7

8

9

10

11

だいこん
1. 大根 dai-kon
rábano japonés

2. ピーマン pī-man
pimiento

たま
3. 玉ねぎ ta-ma-ne-gi
cebolla

4. キャベツ kya-be-tsu
col blanca

5. みょうが myō-ga
jengibre japonés

6. さつまいも sa-tsu-ma-i-mo
boniato

7. トマト to-ma-to
tomate

8. わさび wa-sa-bi
wasabi

9. セロリ se-ro-ri
apio

そう
10. ほうれん草 hō-ren-sō
espinaca

En la frutería

果物屋
<ruby>く<rt></rt></ruby>だ もの や
ku-da-mo-no-ya

りんご
rin-go
manzana

あお
青りんご
a-o rin-go
manzana verde

なし
梨
na-shi
pera

さくらんぼ
sa-ku-ram-bo
cereza

プラム
pu-ra-mu
ciruela

オリーブ
o-rī-bu
aceituna

ココナッツ
ko-ko-nat_tsu
coco

イチゴ
i-chi-go
fresa

パイナップル
pai-nap_pu-ru
piña

ザクロ
za-ku-ro
granada

びわ
bi-wa
níspero

ラズベリー
ra-zu-be-rī
frambuesa

かき
柿
ka-ki
caqui

ブルーベリー
bu-rū-be-rī
arándano

ゆず
柚子
yu-zu
yuzu (cítrico japonés)

カボス
ka-bo-su
kabosu (cítrico
japonés)

レモン
re-mon
limón

アボカド
a-bo-ka-do
aguacate

もも
桃
mo-mo
melocotón

パパイヤ
pa-pai-ya
papaya

バナナ
ba-na-na
plátano

マンゴー
man-gō
mango

オレンジ
o-ren-ji
naranja

みかん
mi-kan
mandarina

スイカ
sui-ka
sandía

ぶどう
bu-dō
uva

メロン
me-ron
melón

キウイ
ki-ui
kiwi

Bebidas

飲み物 / no-mi-mo-no

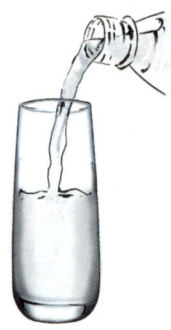

たんさんすい
炭酸水
tan-san-sui
agua con gas

みず
水
mi-zu
agua sin gas

ミネラルウォーター
mi-ne-ra-ru-wō-tā
agua mineral

とうにゅう
豆乳
tō-nyū
leche de soja

あまざけ
甘酒
a-ma-za-ke
sake dulce

あおじる
青汁
a-o-ji-ru
zumo verde

にんじんジュース
nin-jin-jū-su
zumo de zanahoria

パイナップルジュース
pai-nap_pu-ru-jū-su
zumo de piña

リンゴジュース
rin-go-jū-su
zumo de manzana

トマトジュース
to-ma-to-jū-su
zumo de tomate

オレンジジュース
o-ren-ji-jū-su
zumo de naranja

グレープジュース
gu-rē-pu-jū-su
zumo de uva

En el bar

バーで / bā-de

ビール
bī-ru

cerveza

にほんしゅ
日本酒
ni-hon-shu

vino de arroz

ウィスキー
wi-su-kī

whisky

しょうちゅう
焼酎
shō-chū

licor japonés

あか
赤ワイン
a-ka-wain

vino tinto

しろ
白ワイン
shi-ro-wain

vino blanco

ロゼワイン
ro-ze-wain

vino rosado

ゆずしゅ
柚子酒
yu-zu-shu

licor de yuzu

うめしゅ
梅酒
u-me-shu

licor de ume

あわもり
泡盛
a-wa-mo-ri

licor de Okinawa

はっぽうしゅ
発泡酒
hap_pō-shu

cerveza ligera
de malta

悪<ruby>悪<rt>わる</rt></ruby>いワインを

<ruby>飲<rt>の</rt></ruby>むには、

<ruby>人生<rt>じんせい</rt></ruby>は

<ruby>余<rt>あま</rt></ruby>りにも<ruby>短<rt>みじか</rt></ruby>すぎる。

wa-ru-i-wain-o
no-mu-ni-wa
jin-sei-wa
a-ma-ri-ni-mo-mi-ji-ka-su-gi-ru

La vida es demasiado corta
para beber mal vino.

Johann Wolfgang von Goethe

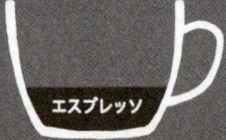

エスプレッソ
esu-pu-res_so

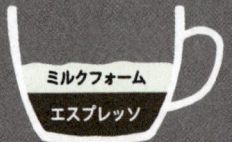

エスプレッソマキアート
esu-pu-res_so ma-ki-ā-to

アメリカーノ
a-m-e-ri-ka-no

アフォガート
a-fo-gā-to

En la cafetería カフェで / ka-fe-de

エスプレッソ esu-pu-res_so

café solo

エスプレッソマキアート esu-pu-res_so ma-ki-ā-to

cortado

アメリカーノ a-me-ri-ka-no

café americano

アフォガート a-fo-gā-to

affogato (café con helado de vainilla)

カフェラテ
ka-fe-ra-te

カプチーノ
ka-pu-chī-no

モカ
mo-ka

ホットチョコレート
hot_to-cho-ko-rē-to

ホットミルク
hot_to mi-ru-ku

カフェラテ ka-fe-ra-te

café con leche

カプチーノ ka-pu-chī-no

capuchino

モカ mo-ka

café vienés con leche y chocolate

ホットチョコレート hot_to-cho-ko-rē-to

chocolate caliente

ホットミルク hot_to-mi-ru-ku

leche caliente

El té

ちゃ
お茶
o-cha

まっちゃ
1. 抹茶 mat_cha
té matcha

りょくちゃ
2. 緑茶 ryo-ku-cha
té verde

こんぶちゃ
3. 昆布茶 kom-bu-cha
té kombucha

さくらちゃ
4. 桜茶 sa-ku-ra-cha
té de cereza

まっちゃ
5. 抹茶ラテ mat_cha-ra-te
té matcha con leche

げんまいちゃ
6. 玄米茶 gem-ma-i-cha
té de arroz integral

ふくちゃ
7. 福茶 fu-ku-cha
té fukucha

そ ばちゃ
8. 蕎麦茶 so-ba-cha
té de alforfón

ちゃ
9. ウーロン茶 ū-ron-cha
té oolong

ちゃ
10. ほうじ茶 hō-ji-cha
té verde tostado

こうちゃ
11. 紅茶 kō-cha
té negro

むぎちゃ
12. 麦茶 mu-gi-cha
té de cebada

En el restaurante

レストラン にて/ resu-to-ran-ni-te

いらっしゃいませ！
i-rash_shai-ma-se
¡Bienvenidos!

レストラン　resu-to-ran　restaurante

メニュー　me-nyū　carta

前菜 zen-sai　entrante
ぜん さい

メインコース　me-in-kō-su　plato principal

デザート　de-zā-to　postre

なんめいさま
何名様ですか。
nan-mei-sa-ma-desu-ka

¿Cuántas personas?

ふたり　さんにん　よにん
二人 / 三人 / 四人です。
fu-ta-ri / san-nin / yo-nin-desu

dos / tres / cuatro personas

なん
今日のおすすめは何ですか。
kyō-no-o-su-su-me-wa-nan-desu-ka

¿Cuál es la recomendación del día?

ねが
…をお願いします。
…o o-ne-gai-shi-masu

Querría…

<ruby>注文<rt>ちゅうもん</rt></ruby>

すみません、<ruby>注文<rt>ちゅうもん</rt></ruby>を<ruby>お願<rt>ねが</rt></ruby>いします。
su-mi-ma-sen, chū-mon-o-o-ne-gai-shi-masu

Disculpe,
me gustaría pedir.

この<ruby>地域<rt>ちいき</rt></ruby>の<ruby>名物料理<rt>めいぶつりょうり</rt></ruby>は<ruby>何<rt>なん</rt></ruby>ですか。
ko-no-chī-ki-no-me-i-bu-tsu-ryo-ri-wa nan-desu-ka

¿Cuáles son las especialidades de esta región?

<ruby>食事<rt>しょくじ</rt></ruby>	sho-ku-ji	la hora de comer
<ruby>朝食<rt>ちょうしょく</rt></ruby>	chō-sho-ku	el desayuno
<ruby>昼食<rt>ちゅうしょく</rt></ruby>	chū-sho-ku	la comida del mediodía
<ruby>夕食<rt>ゆうしょく</rt></ruby>	yū-sho-ku	la cena

お待(ま)たせいたしました。

o-ma-ta-se-i-ta-shi-ma-shi-ta

¡Siento la espera!*

*¡Atención! Esta expresión se usa en restaurantes para desear una buena comida, pero no en otras situaciones sociales, donde se consideraría inadecuada.

かんじょう　ねが
お勘定をお願いします。
o-kan-jō-o-o-ne-gai-shi-masu

La cuenta, por favor.

いただきます。
i-ta-da-ki-masu

(Expresión de agradecimiento que se usa antes de comer.)

おいしい！
o-i-shī

¡Delicioso!

とてもおいしかったです！
to-te-mo-o-i-shi-kat_ta-desu

¡Estaba muy bueno!

ごちそうさまでした。
gochi-sō-sa-ma-deshi-ta

Ha sido una comida deliciosa.

コショウ
ko-shō
pimienta

しお
塩
shi-o
sal

los condimentos

ちょうみりょう
調味料 / chō-mi-ryō

みりん
mi-rin
sake dulce

わさび
wa-sa-bi
pasta de wasabi

こ
カレー粉
ka-rē-ko
curri

しちみとうがらし
七味唐辛子
shi-chi-mi-tō-ga-ra-shi
guindilla en polvo

ケチャップ
ke-chap_pu
kétchup

マヨネーズ
ma-yo-nē-zu
mayonesa

さとう
砂糖
sa-tō
azúcar

しょうゆ
醤油
shō-yu
salsa de soja

みそ
味噌
mi-so
miso (pasta de soja)

す
酢
su
vinagre

さんしょう
山椒
san-shō
pimienta japonesa

イチゴジャム
i-chi-go-ja-mu
mermelada de fresa

はちみつ
ha-chi-mi-tsu
miel

ヨーグルト
yō-gu-ru-to
yogur

トースト
tō-su-to
tostada

フレンチトースト
fu-ren-chi-tō-su-to
Especie de torrija con
pan de molde

バター
ba-tā
mantequilla

たまご
ゆで卵
yu-de-ta-ma-go
huevo cocido

ホットケーキ
hot_to-kē-ki
tortita

スクランブルエッグ
su-ku-ran-bu-ru-eg_gu
huevos revueltos

ようしょく
洋食
yō-sho-ku
Comida de estilo occidental

El desayuno

朝食 / chō-sho-ku
ちょうしょく

卵焼き
たまごや
ta-ma-go-ya-ki
tortilla enrollada
(dulce)

お茶
ちゃ
o-cha
té

焼き魚
や ざかな
ya-ki-za-ka-na
pescado a la parrilla

ごはん
go-han
arroz al vapor

味噌汁
みそしる
mi-so-shi-ru
sopa de miso

副菜
ふくさい
fu-ku-sai
guarniciones

和食
わしょく
wa-sho-ku
Comida japonesa

Platos típicos japoneses

<ruby>典<rt>てん</rt></ruby><ruby>型的<rt>けいてき</rt></ruby>な<ruby>和食<rt>わしょく</rt></ruby> / ten-kei-te-ki-na-wa-sho-ku

おさしみ
o-sa-shi-mi
entrante de pescado crudo

<ruby>天<rt>てん</rt></ruby>ぷら
tem-pu-ra
tempura (de pescado,
de verduras, etc.)

すき<ruby>焼<rt>や</rt></ruby>き
su-ki-ya-ki
estofado de fideos con carne
de ternera, tofu y verduras

ラーメン
rā-men
sopa de fideos
(con diversas guarniciones)

<ruby>蕎麦<rt>そば</rt></ruby>
so-ba
fideos de trigo sarraceno

うな<ruby>丼<rt>どん</rt></ruby>
u-na-don
anguila a la parrilla con arroz

おにぎり
o-ni-gi-ri
bola de arroz condimentada

この や
お好み焼き
o-ko-no-mi-ya-ki
masa de col y harina a la plancha
(con diversas guarniciones)

や とり
焼き鳥
ya-ki-to-ri
pollo a la parrilla

すし
寿司
su-shi
sushi

や
たこ焼き
ta-ko-ya-ki
bolas de masa rellenas de pulpo

とんかつ
ton-ka-tsu
escalope de cerdo rebozado

とり あ
鶏のから揚げ
to-ri-no-ka-raa-ge
pollo frito

ぎゅうどん
牛丼
gyu-don
ternera con arroz

しゃぶしゃぶ
sha-bu-sha-bu
fondue de caldo con todo tipo de
ingredientes

かいせき

懐石
kai-se-ki
comida ligera, servida para
la ceremonia del té

Postres

わ がし
和菓子 / wa-ga-shi

や
1. どら焼き do-ra-ya-ki

2. まんじゅう man-jū

はな　　もち
3. 花びら餅 ha-n-bi-ra-mo-chi

4. あんみつ am-mi-tsu

しらたま
5. 白玉 shi-ra-ta-ma

6. コーヒーゼリー kō-hī-ze-rī

7. クレープ ku-rē-pu

だいふく
8. 大福 dai-fu-ku

9. おだんご o-dan-go

ひ がし
10. 干菓子 hi-ga-shi

いまがわや
11. 今川焼き i-ma-ga-wa-ya-ki

ちゃがし
12. 茶菓子 cha-ga-shi

13. おしるこ o-shi-ru-ko

ようかん
14. 羊羹 yō-kan

Hacer la compra

買い物をする場所 / kai-mo-no-o-su-ru-ba-sho

Grandes almacenes
デパート

三越	Mitsukoshi®
高島屋	Takashimaya®
そごう	Sogo®
伊勢丹	Isetan®
松坂屋	Matsuzakaya®
大丸	Daimaru®
東急	Tokyu®
阪急	Hankyu®
西武	Seibu®

Supermercados 24 h
コンビニ

ファミリーマート	Family Mart®
ローソン	Lawson®
セブンイレブン	Seven Eleven®

Supermercados
スーパー

イオン	Aeon®
イトーヨーカドー	Ito Yokado®
西友	Seiyu®

ショッピングセンター

shop_pin-gu-sen-tā

centro comercial

デパート

de-pā-to

grandes almacenes

<ruby>店<rt>みせ</rt></ruby>

mi-se

tienda

スーパーマーケット

sū-pā-mā-ket_to

supermercado

コンビニエ

kom-bi-ni

supermercado 24 h

Los caprichos

<ruby>心<rt>こころ</rt></ruby>が<ruby>望<rt>のぞ</rt></ruby>むすべて / ko-ko-ro-ga-no-zo-mu-su-be-te

<ruby>化粧品店<rt>けしょうひんてん</rt></ruby>

化粧品店
ke-shō-hin-ten
perfumería

<ruby>美容院<rt>びよういん</rt></ruby>

美容院
bi-yō-in
peluquería

<ruby>宝石店<rt>ほうせきてん</rt></ruby>

宝石店
hō-se-ki-ten
joyería

<ruby>花屋<rt>はなや</rt></ruby>

花屋
ha-na-ya
floristería

ブティック
bu-tik_ku
tienda de moda

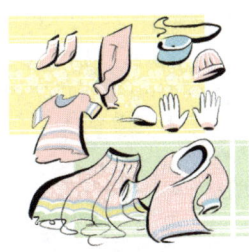

くつや
靴屋
ku-tsu-ya
zapatería

みやげものや
土産物屋
mi-ya-ge-mo-no-ya
tienda de recuerdos

こっとうひんてん
骨董品店
kot_tō-hin-ten
anticuario

…をお願いします。
… o o-ne-gai-shi-masu

Querría...

1枚の シャツ
i-chi-mai-no-sha-tsu

una camisa.

1本の ズボン
ip-pon-no-zu-bon

un pantalón.

1足の 靴
is-so-ku-no-ku-tsu

unos zapatos.

1組の 靴下
hi-to-ku-mi-no-ku-tsu-shi-ta

unos calcetines.

2枚のブラウス
ni-mai-no-bu-rau-su

dos blusas.

3枚のジャケット
san-mai-no-ja-ket_to

tres chaquetas.

4枚のスカート
yon-mai-no-su-kā-to

cuatro faldas.

5枚のコート
go-mai-no-kō-to

cinco abrigos.

それはいくらですか。　　　　　　　　　　¿Cuánto cuesta?
so-re-wa-i-ku-ra-desu-ka

えん
（それは）… 円です。　　　　　　　　　　Cuesta ... yenes.
so-re-wa-… en desu

たか
（それは）とても高いです。　　　　　　　Es muy caro.
so-re-wa-to-te-mo-ta-ka-i-desu

やす
（それは）とても安いですね。　　　　　　Es muy barato.
so-re-wa-to-te-mo-ya-sui-desu-ne

けっこう
結構です、ありがとうございます。　　　Gracias, eso es todo.
kek_ko-desu, a-ri-ga-tō go-zai-masu

ねだん　　てごろ
この値段は手頃です。　　　　　　　　　El precio es razonable.
ko-no-ne-dan-wa-te-go-ro-desu

みじか　　　なが
短すぎます／長すぎます。　　　　　　　Es demasiado corto. /
mi-ji-ka-su-gi-masu / na-ga-su-gi-masu　Es demasiado largo.

きつすぎます／ゆるすぎます。　　　　　Es estrecho. /
ki-tsu-su-gi-masu / yu-ru-su-gi-masu　　Es ancho.

しちゃく

試着してもいいですか
shi-cha-ku-shi-te-mo-ī-desu-ka

¿Me lo puedo probar?

しちゃくしつ

試着室はどこですか。
shi-cha-ku-shi-tsu-wa-do-ko-desu-ka

¿Dónde están los probadores?

セール

sē-ru

Oferta especial

わりびきかかく

割引価格

wa-ri-bi-ki ka-ka-ku

precio reducido

プロモーション

pu-ro-mō-shon

promoción

ディスカウント

di-su-kaun-to

rebaja

Los colores

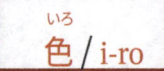

色 / i-ro
いろ

白
しろ
shi-ro
blanco

黒
くろ
ku-ro
negro

オレンジ色
いろ
o-ren-ji-i-ro
naranja

茶色
ちゃいろ
cha-i-ro
marrón

灰色
はいいろ
hai i-ro
gris

水色
みず いろ
mi-zu i-ro
azul

明るい色
a-ka-ru-i-i-ro
claro

暗い色
ku-rai-i-ro
oscuro

赤
a-ka
rojo

ピンク
pin-ku
rosa

黄色
ki i-ro
amarillo

緑
mi-do-ri
verde

青
a-o
azul marino

紫
mu-ra-sa-ki
lila

Los números

すうじ
数字 / sū-ji

0	零 <small>れい</small>	ゼロ / ぜろ	re-i / ze-ro
1	一	いち	i-chi
2	二	に	ni
3	三	さん	san
4	四	よん / し	yon / shi
5	五	ご	go
6	六	ろく	ro-ku
7	七	なな / しち	na-na / shi-chi
8	八	はち	ha-chi
9	九	きゅう / く	kyū / ku
10	十	じゅう	jū
11	十一	じゅういち	jū i-chi
12	十二	じゅうに	jū ni
13	十三	じゅうさん	jū san
14	十四	じゅうよん / じゅうし	jū yon / ju shi
15	十五	じゅうご	jū go
16	十六	じゅうろく	jū ro-ku
17	十七	じゅうなな / じゅうしち	jū na-na / shi-chi
18	十八	じゅうはち	jū ha-chi
19	十九	じゅうきゅう / じゅうく	jū kyū / ju ku
20	二十	にじゅう	ni-jū ·
21	二十一	にじゅういち	ni-jū i-chi
22	二十二	にじゅうに	ni-jū ni
23	二十三	にじゅうさん	ni-jū san
24	二十四	にじゅうよん / にじゅうし	ni-jū yon / ni-jū shi
25	二十五	にじゅうご	ni jū go
26	二十六	にじゅうろく	ni-jū ro-ku

27	二十七	にじゅうなな / にじゅうしち	ni-jū na-na / ni-jū shi-chi
28	二十八	にじゅうはち	ni-jū ha-chi
29	二十九	にじゅうきゅう / にじゅうく	ni-jū kyū / ni-jū ku
30	三十	さんじゅう	san jū
40	四十	よんじゅう / しじゅう	yon jū / shi jū
50	五十	ごじゅう	go jū
60	六十	ろくじゅう	ro-ku jū
70	七十	ななじゅう / しちじゅう	na-na jū / shi-chi jū
80	八十	はちじゅう	ha-chi jū
90	九十	きゅうじゅう	kyū jū
100	百	ひゃく	hya-ku
101	百一	ひゃくいち	hya-ku i-chi
102	百二	ひゃくに	hya-ku ni
200	二百	にひゃく	ni hya-ku
300	三百	さんひゃく	sam bya-ku
400	四百	よんひゃく	yon hya-ku
500	五百	ごひゃく	go hya-ku
600	六百	ろっぴゃく	rop-pya-ku
700	七百	ななひゃく	na-na hya-ku
800	八百	はっぴゃく	hap-pya-ku
900	九百	きゅうひゃく	kyū hya-ku
1000	千	せん	sen
10 000	一万	いちまん	i-chi man
100 000	十万	じゅうまん	jū man
1 000 000	百万	ひゃくまん	hya-ku man

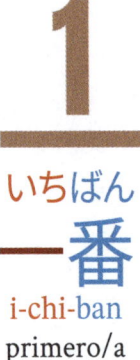

いちばん
一番
i-chi-ban
primero/a

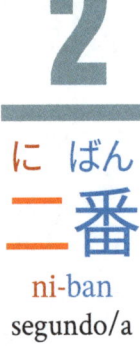

に ばん
二番
ni-ban
segundo/a

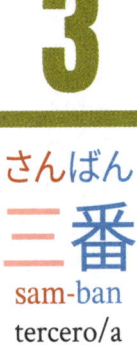

さんばん
三番
sam-ban
tercero/a

cuarto/a	四番	yom-ban
quinto/a	五番	go-ban
sexto/a	六番	ro-ku-ban
séptimo/a	七番	na-na-ban
octavo/a	八番	ha-chi-ban
noveno/a	九番	kyū-ban
décimo/a	十番	jū-ban

La hora y el tiempo

じかん　てんき
時間と天気 / ji-kan-to-ten-ki

¿Cuándo?

いつですか。i-tsu-desu-ka

きのう
昨日
ki-nō

ayer

きのう　　よる　　さくばん
昨日の夜／昨晩
ki-nō-no-yo-ru / sa-ku-ban

ayer por la tarde /
ayer por la noche

お と と い
一昨日
o-to-to-i

antes de ayer

せんしゅう
先週
sen-shū

la semana pasada

さくねん　きょねん
昨年／去年
sa-ku-nen / kyo-nen

el año pasado

きょう
今日
kyō

hoy

あした／あす
明日
a-shi-ta/a-su

mañana

あさって
明後日
a-sat_te

pasado mañana

らいしゅう
来週
rai-shū

la semana que viene

らいねん
来年
rai-nen

el año que viene

Las horas del día

じかん
時間について / ji-kan-ni-tsu-i-te

じかん
時間　　　　　　　　　la hora
ji-kan

とけい
時計　　　　　　　　　reloj
to-kei

びょう
秒　　　　　　　　　　segundo
byō

ふん／ぷん
分　　　　　　　　　　minuto
fun / pun

ふん
15分　　　　　　　　　cuarto de hora
jū-go-fun

ぷん　　はん
30分／半　　　　　　　media hora
san-jup-pun / han

じ
時　　　　　　　　　　la hora
ji

<ruby>午前<rt>ごぜん</rt></ruby>

go-zen

la mañana

正午

しょうご

shō-go

el mediodía

<ruby>午後<rt>ごご</rt></ruby>

go-go

la tarde

<ruby>夕方<rt>ゆうがた</rt></ruby>

yū-ga-ta

la tarde-noche

<ruby>夜<rt>よる</rt></ruby>

yo-ru

la noche

<ruby>深夜<rt>しんや</rt></ruby>

shin-ya

la medianoche

<ruby>早い<rt>はや</rt></ruby>

ha-yai

temprano

<ruby>遅い<rt>おそ</rt></ruby>

o-soi

tarde

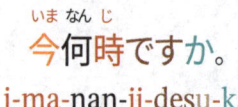

今何時ですか。
i-ma-nan-ji-desu-ka

¿Qué hora es?

（午前）7時10分です。
(go-zen) shi-chi-ji jup-pun-desu
Son las siete y diez (de la mañana).

(午前) 1時です。
(go-zen) i-chi-ji-desu
Es la una.

(午前) 7時15分です。
(go-zen) shi-chi-ji-jū-go-fun-desu
Son las siete y cuarto (de la mañana).

(午前) 8時です。
(go-zen) ha-chi-ji-desu
Son las ocho (de la mañana).

<ruby>午前<rt>ごぜん</rt></ruby>（午前）10<ruby>時<rt>じ</rt></ruby>10<ruby>分前<rt>ぷんまえ</rt></ruby>です。

(go-zen) jū-ji-jup-pun-ma-e-desu

Son las diez menos diez
(de la mañana).

（午前）10<ruby>時<rt>じ</rt></ruby>です。

(go-zen) jū-ji-desu

Son las diez (de la mañana).

（午前）10<ruby>時<rt>じ</rt></ruby>10<ruby>分<rt>ぷん</rt></ruby>です。

(go-zen) jū-ji-jup-pun-desu

Son las diez y diez (de la mañana).

（午前）10<ruby>時半<rt>じはん</rt></ruby>です。

(go-zen) jū-ji-han-desu

Son las diez y media
(de la mañana).

ひる　　じ
昼の12時です。
hi-ru-no-jū-ni-ji-desu
Es mediodía.

ごご　　じ　ふんまえ
(午後) 8時5分前です。
(go-go) ha-chi-ji-go-fun-ma-e-desu
Son las ocho menos cinco (de la tarde).

ごご　　じ
(午後)10時です。
(go-go) jū-ji-desu
Son las diez
(de la noche).

よる　　じ
夜の12時です。
yo-ru-no-jū-ni-ji-desu
Es medianoche.

Los días de la semana

ようび
曜日
yōbi

げつ ようび 月曜日 ge-tsu-yō-bi	か ようび 火曜日 ka-yō-bi	すい ようび 水曜日 sui-yō-bi
lunes	martes	miércoles

へいじつ
平日
hei-ji-tsu — día laborable

しゅうまつ
週末
shū-ma-tsu — fin de semana

さいじつ
祭日
sai-ji-tsu — día festivo local

きゅうじつ
休日
kyū-ji-tsu — día festivo

もく ようび **木曜日** mo-ku-yō-bi	きん ようび **金曜日** kin-yō-bi	ど ようび **土曜日** do-yō-bi	にち ようび **日曜日** ni-chi-yō-bi
jueves	viernes	sábado	domingo

きょう　　　なんようび
今日は何曜日ですか。
kyō-wa-nan-yō-bi-desu-ka

¿Qué día de la semana es hoy?

げつようび
月曜日です。
ge-tsu-yō-bi-desu

Hoy es lunes.

きょう　　　なんにち
今日は何日ですか。
kyō-wa-nan-ni-chi-desu-ka

¿A qué fecha estamos?

がつ　か
1月10日です。
i-chi-ga-tsu-tō-ka-desu

Es 10 de enero.

きょう　　　やす
今日はお休みですか。
kyō-wa-o-ya-su-mi-desu-ka

¿Hoy es festivo?

いち がつ
一月
i-chi-ga-tsu

enero

に がつ
二月
ni-ga-tsu

febrero

ご がつ
五月
go-ga-tsu

mayo

ろく がつ
六月
ro-ku-ga-tsu

junio

く がつ
九月
ku-ga-tsu

septiembre

じゅう がつ
十月
jū-ga-tsu

octubre

Los doce meses del año

じゅうに か月 / jū-ni-ka-ge-tsu

(げつ)

3

さんがつ
三月
san-ga-tsu

marzo

4

しがつ
四月
shi-ga-tsu

abril

7

しちがつ
七月
shi-chi-ga-tsu

julio

8

はちがつ
八月
ha-chi-ga-tsu

agosto

11

じゅういちがつ
十一月
jū-i-chi-ga-tsu

noviembre

12

じゅうにがつ
十二月
jū-ni-ga-tsu

diciembre

El tiempo y las estaciones

てんき　　　きせつ
天気と季節 / ten-ki-to-ki-se-tsu

はる
春
ha-ru

primavera

なつ
夏
na-tsu

verano

あき
秋
a-ki

otoño

ふゆ
冬
fu-yu

invierno

きょう　　てんき
今日の天気はどうですか。　　　　　¿Qué tiempo hace hoy?
kyō-no-ten-ki-wa-dō-desu-ka

きょう　　てんき
今日は天気がいいです。　　　　　　Hoy hace buen tiempo.
kyō-wa-ten-ki-ga-ī-desu

は
晴れです。　　　　　　　　　　　　Hace sol.
ha-re-desu

きょう　　てんき　　わる
今日は天気が悪いです。　　　　　　Hace mal tiempo.
kyō-wa-ten-ki-ga-wa-ru-i-desu

あつ
暑いです。　　　　　　　　　　　　Hace calor.
a-tsui-desu

　　　あつ
とても暑いです。　　　　　　　　　Hace mucho calor.
to-te-mo-a-tsui-desu

む　あつ
蒸し暑いです。　　　　　　　　　　Hay humedad.
mu-shi-a-tsui-desu

さむ
寒いです。　　　　　　　　　　　　Hace frío.
sa-mui-desu

　　　さむ
とても寒いです。　　　　　　　　　Hace mucho frío.
to-te-mo-sa-mui-desu

かぜ　つよ
風が強いです。　　　　　　　　　　Hace viento.
ka-ze-ga-tsu-yo-i-desu

きり
霧です。　　　　　　　　　　　　　Hay niebla.
ki-ri-desu

あめ
雨です。　　　　　　　　　　　　　Está lloviendo.
a-me-desu

きりさめ
霧雨です。　　　　　　　　　　　　Está lloviznando.
ki-ri-sa-me-desu

ゆき　ふ
雪が降っています。　　　　　　　　Está nevando.
yu-ki-ga-fut_te i-masu

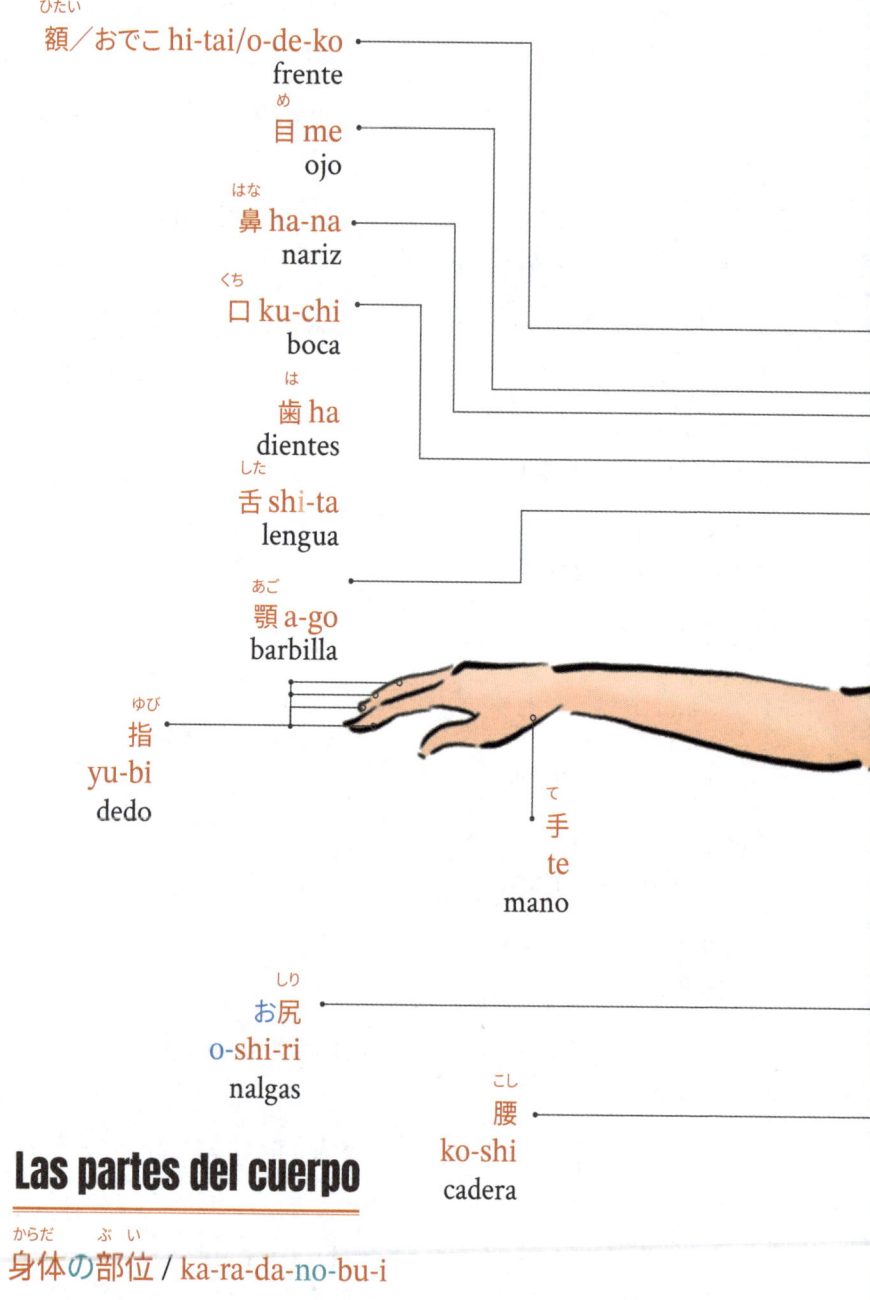

ひたい
額／おでこ hi-tai/o-de-ko
frente

め
目 me
ojo

はな
鼻 ha-na
nariz

くち
口 ku-chi
boca

は
歯 ha
dientes

した
舌 shi-ta
lengua

あご
顎 a-go
barbilla

ゆび
指
yu-bi
dedo

て
手
te
mano

しり
お尻
o-shi-ri
nalgas

こし
腰
ko-shi
cadera

Las partes del cuerpo

からだ ぶ い
身体の部位 / ka-ra-da-no-bu-i

El cuerpo y la salud

<ruby>身体<rt>からだ</rt></ruby>と<ruby>健康<rt>けんこう</rt></ruby> / karadatokenkō

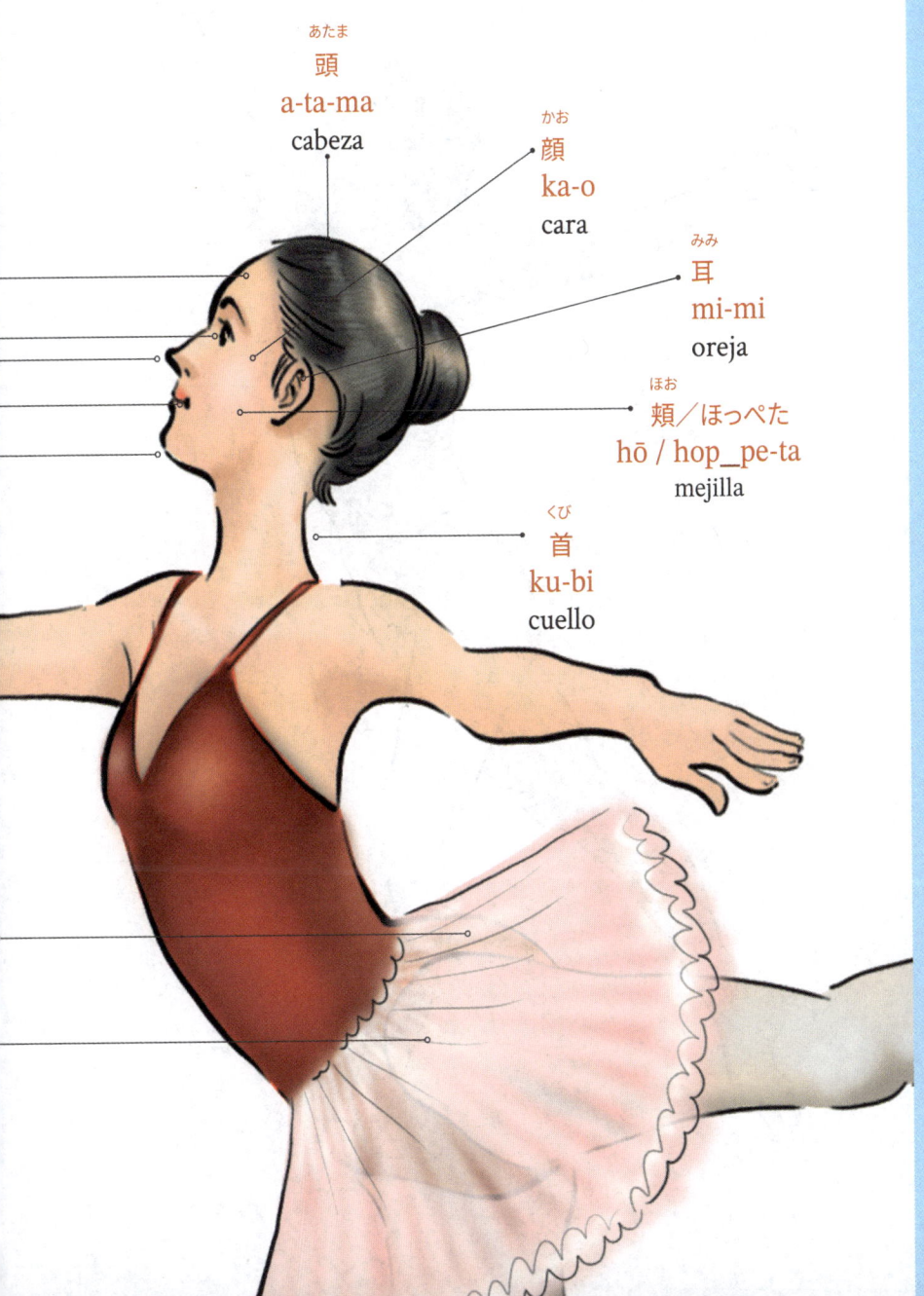

<ruby>頭<rt>あたま</rt></ruby>
a-ta-ma
cabeza

<ruby>顔<rt>かお</rt></ruby>
ka-o
cara

<ruby>耳<rt>みみ</rt></ruby>
mi-mi
oreja

<ruby>頬<rt>ほお</rt></ruby>／ほっぺた
hō / hop_pe-ta
mejilla

<ruby>首<rt>くび</rt></ruby>
ku-bi
cuello

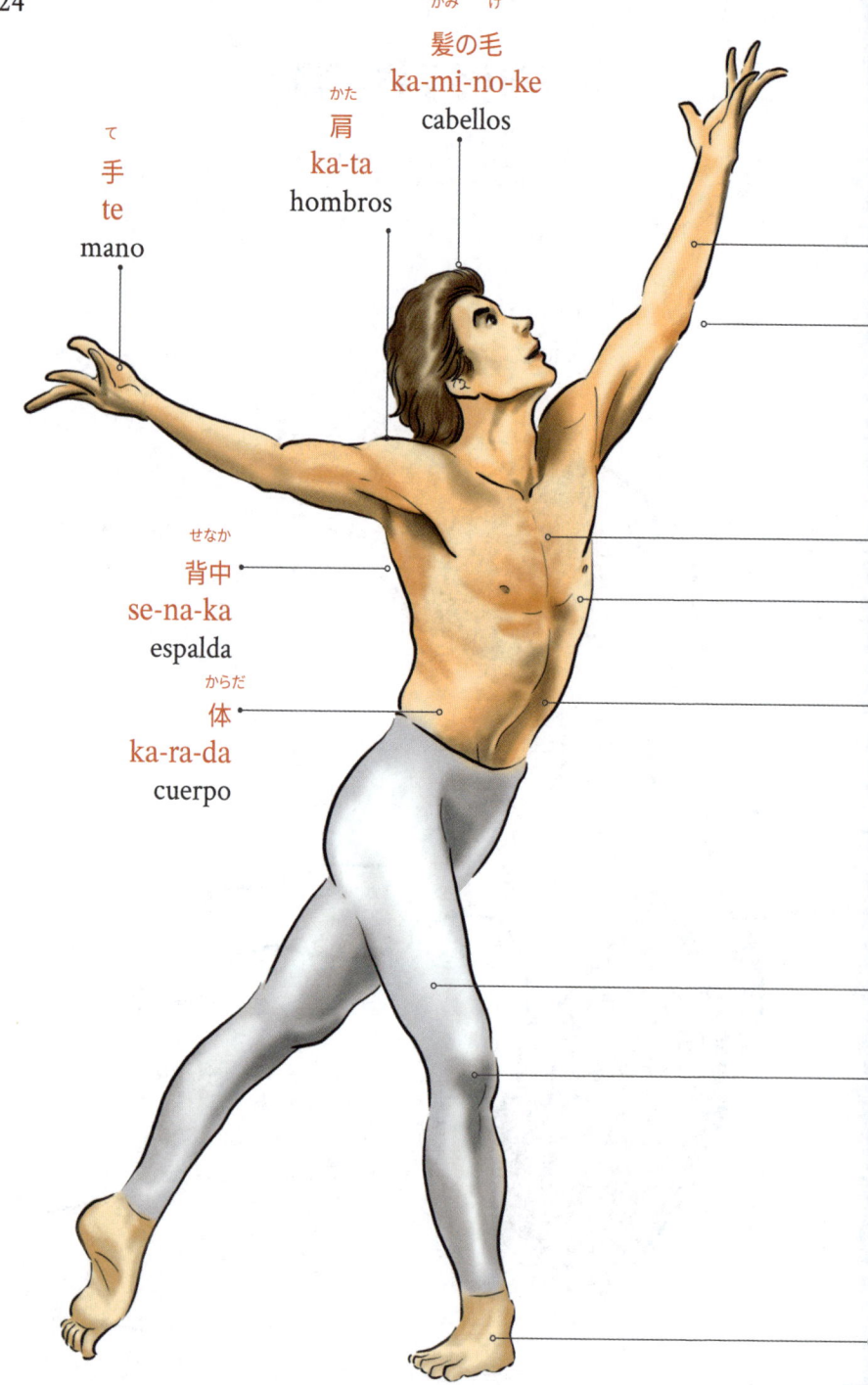

かみ　け
髪の毛
ka-mi-no-ke
cabellos

かた
肩
ka-ta
hombros

て
手
te
mano

せなか
背中
se-na-ka
espalda

からだ
体
ka-ra-da
cuerpo

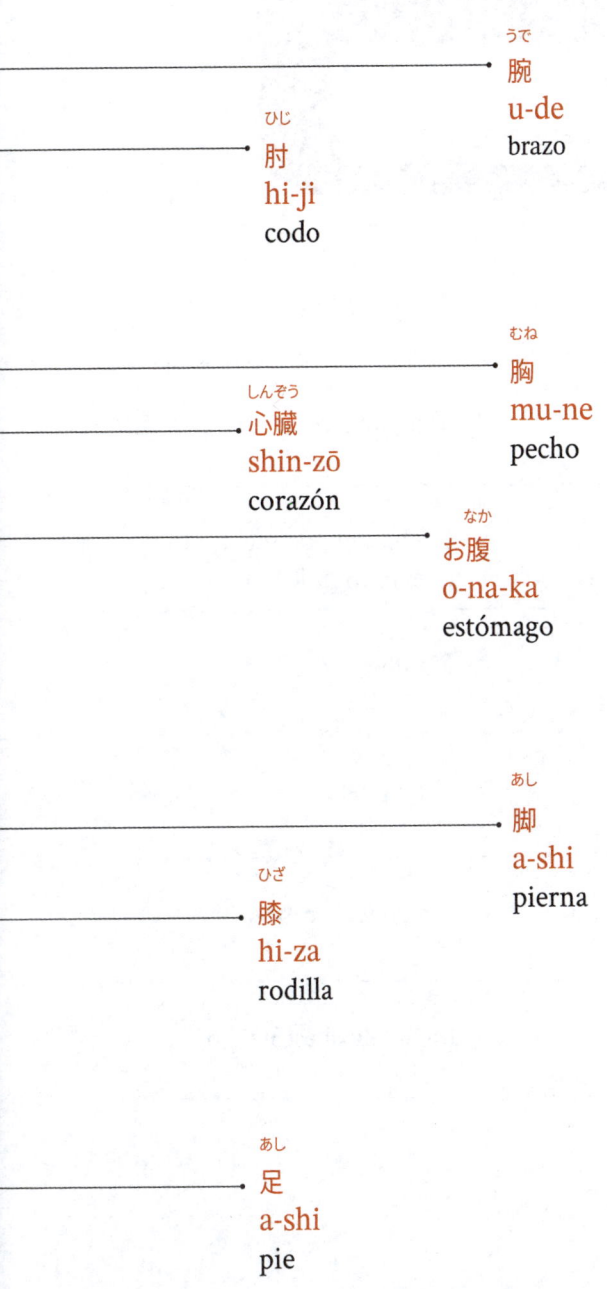

うで
腕
u-de
brazo

ひじ
肘
hi-ji
codo

むね
胸
mu-ne
pecho

しんぞう
心臓
shin-zō
corazón

なか
お腹
o-na-ka
estómago

あし
脚
a-shi
pierna

ひざ
膝
hi-za
rodilla

あし
足
a-shi
pie

Cuando estás enfermo

きぶん　わる
気分が悪くなったとき
ki-bun-ga-wa-ru-ku-nat_ta-to-ki

きぶん　わる
気分が悪いです。
ki-bun-ga-wa-ru-i-desu

Estoy enfermo.

は　け
吐き気がします。
ha-ki-ke-ga-shi-masu

Tengo náuseas.

むかむかします。
mu-ka-mu-ka-shi-masu

Me ha sentado mal lo que he comido.

いた
ここが痛いです。
ko-ko-ga-i-tai-desu

Me duele aquí.

ねつ
熱があります。
net-su-ga-a-ri-masu

Tengo fiebre.

ずつう
頭痛がします。
zut-sū-ga-shi-masu

Me duele la cabeza.

なか　いた
お腹が痛いです。
o-na-ka-ga-i-tai-desu

Me duele el estómago.

のど いた
喉が痛いです。   Me duele la garganta.
no-do-ga-i-tai-desu

ようつう
腰痛があります。   Me duele la espalda.
yō-tsū-ga a-ri-masu

は いた
歯が痛いです。   Tengo dolor de muelas.
ha-ga-i-tai-desu

べんぴ
便秘です   Tengo estreñimiento.
bem-pi-desu

げり
下痢です。   Tengo diarrea.
ge-ri-desu

アレルギーがあります。   Tengo alergia.
a-re-ru-gī-ga a-ri-masu

ほっしん
発疹がでました 。   Tengo un sarpullido.
hosh_shin-ga de-mashi-ta

やっきょく
薬局
yak-kyo-ku
farmacia

びょういん
病院 byō-in
hospital

くすり
薬 ku-su-ri
medicamento

いしゃ
医者 i-sha
el médico / la médica

はいしゃ
歯医者 ha-i-sha
dentista

めいしゃ
眼医者 me-i-sha
oftalmólogo/a

かんごし
看護師 kan-go-shi
enfermera/o

きゅうきゅうしゃ
救 急 車 kyū-kyū-sha
ambulancia

だいじ
お大事に! o-dai-ji-ni
¡Que te mejores!

Atención: en Japón no se dice nunca nada a alguien que estornuda.

Actividades cotidianas

にちじょうせいかつ
日常生活 / ni-chi-jō-sei-ka-tsu

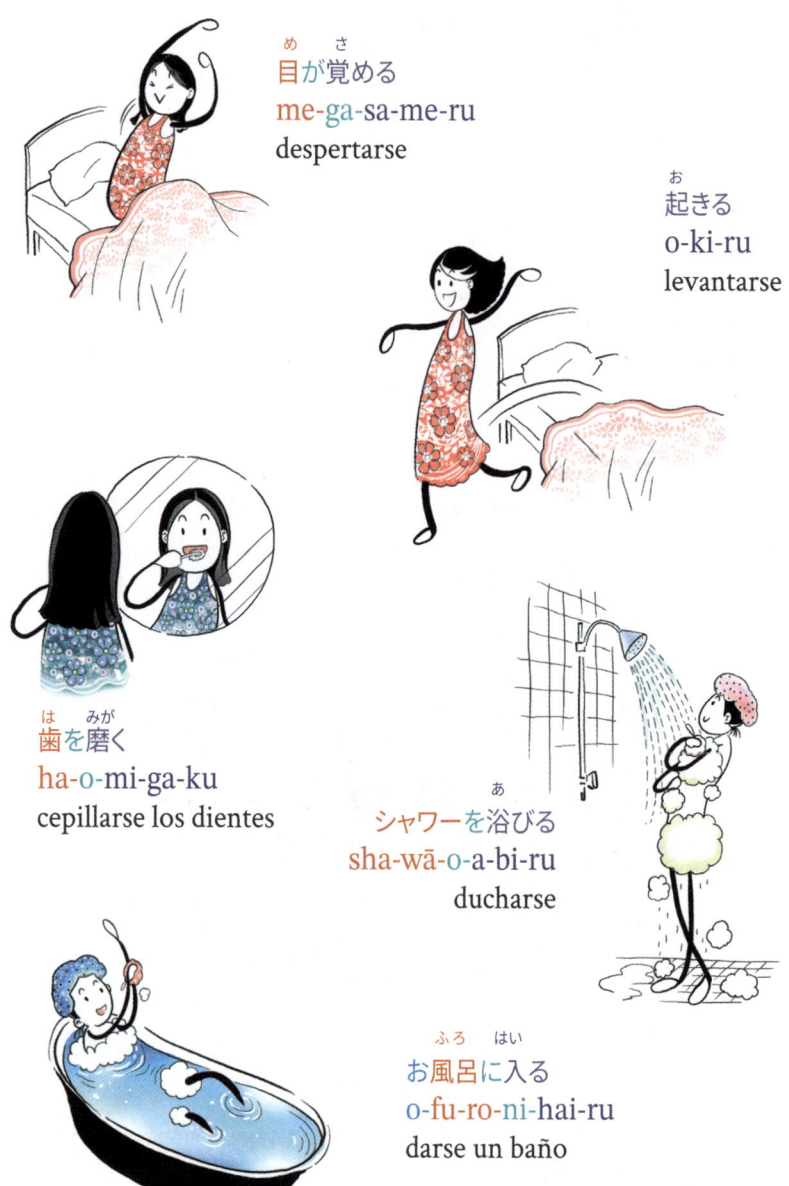

め　さ
目が覚める
me-ga-sa-me-ru
despertarse

お
起きる
o-ki-ru
levantarse

は　みが
歯を磨く
ha-o-mi-ga-ku
cepillarse los dientes

あ
シャワーを浴びる
sha-wā-o-a-bi-ru
ducharse

ふろ　はい
お風呂に入る
o-fu-ro-ni-hai-ru
darse un baño

りょうり
料理する
ryō-ri-su-ru
cocinar

た
食べる
ta-be-ru
comer

の
飲む
no-mu
beber

か
書く
ka-ku
escribir

よ
読む
yo-mu
leer

み
見る
mi-ru
mirar

ま
待つ
ma-tsu
esperar

あ
会う
a-u
quedar

あげる
a-ge-ru
dar

よろこ
喜ぶ
yo-ro-ko-bu
ser feliz

おど
踊る
o-do-ru
bailar

わら
笑う
wa-ra-u
reír

な
泣く
na-ku
llorar

さ
去る
sa-ru
irse

でんわ
電話する
den-wa-su-ru
hablar por
teléfono

スポーツをする
su-pō-tsu-o-su-ru
hacer deporte

え　か
絵を描く
e-o-ka-ku
pintar

かんさつ
観察する
kan-sa-tsu-su-ru
observar

<ruby>歌<rt>うた</rt></ruby>う
u-ta-u
cantar

<ruby>写真<rt>しゃしん</rt></ruby>を<ruby>撮<rt>と</rt></ruby>る
sha-shin-o-to-ru
fotografiar

<ruby>楽<rt>たの</rt></ruby>しむ
ta-no-shi-mu
divertirse

<ruby>売<rt>う</rt></ruby>る
u-ru
vender

<ruby>買<rt>か</rt></ruby>う
ka-u
comprar

<ruby>働<rt>はたら</rt></ruby>く
ha-ta-ra-ku
trabajar

なら
習う
na-ra-u
aprender

おし
教える
o-shi-e-ru
enseñar

だ
抱きしめる
da-ki-shi-me-ru
abrazar

あい
愛する
ai-su-ru
amar

キスする
ki-su-su-ru
besar

けっこん
結婚する
kek_kon-su-ru
casarse

Urgencias

きんきゅうじたい
緊急事態 / kin-kyū-ji-tai

トイレはどこですか。
toi-re-wa-do-ko-desu-ka

¿Dónde está el baño?

わたし　　　　　　　　　い
(私は)トイレに行きたいです。
wa-ta-shi-wa toi-re-ni i-ki-tai-desu

Tengo que ir al baño.

この<ruby>近<rt>ちか</rt></ruby>くにトイレはありますか。

ko-no chi-ka-ku-ni toi-re-wa a-ri-masu-ka

¿Hay un baño público por aquí?

<ruby>私<rt>わたし</rt></ruby>は）<ruby>病院<rt>びょういん</rt></ruby>に<ruby>行<rt>い</rt></ruby>きたいです。

(wa-ta-shi-wa) byō-in-ni i-ki-tai-desu

Tengo que ir de inmediato al hospital.

<ruby>助<rt>たす</rt></ruby>けて!
ta-su-ke-te

¡Ayuda!

<ruby>警察<rt>けいさつ</rt></ruby>を<ruby>呼<rt>よ</rt></ruby>んでください!
kei-sa-tsu-o yon-de ku-da-sai

¡Llamen a la policía!

Por desgracia, en el transporte público las mujeres pueden ser víctimas de tocamientos. En este caso, utiliza la expresión:

痴漢
chi-kan
Pervertido.

¿Qué nos dicen las señales?

標識の意味は何でしょう？
hyō-shi-ki-no-i-mi-wa-nan-de-shō

と
止まれ
to-ma-re

STOP

しゃりょうしんにゅうきんし
車両進入禁止
sha-ryō shin-nyū kin-shi

PROHIBIDO EL PASO

ほこうしゃつうこうど
歩行者通行止め
ho-kō-sha tsū-kō-do-me

PROHIBIDO EL PASO
DE PEATONES

じょこう
徐行
jo-kō

DESPACIO

どそくげんきん
土足厳禁
do-so-ku-gen-kin

PROHIBIDO USAR CALZADO

コインロッカー
ko-in-rok_kā

CONSIGNA

いっぽうつうこう
一方通行
ip-pō-tsu-kō

SENTIDO ÚNICO

ちゅうしゃじょう
駐車場
chū-sha-jō

APARCAMIENTO

ちゅうていしゃきんし
駐停車禁止
chū-tei-sha-kin-shi

PROHIBIDO ESTACIONAR

ちゅうしゃきんし
駐車禁止
chū-sha-kin-shi

PROHIBIDO APARCAR

おうだんほどう
横断歩道
ō-dan-ho-dō

PASO DE PEATONES

ほこうしゃ せんようどうろ
歩行者専用道路
ho-kō-sha-sen-yō-dō-ro

ZONA PEATONAL

<ruby>通学路<rt>つうがくろ</rt></ruby>
通学路
tsū-ga-ku-ro

PRECAUCIÓN, COLEGIO

避難場所
hi-nan-ba-sho

PUNTO DE REUNIÓN

タクシー乗り場
ta-ku-shī-no-ri-ba

PARADA DE TAXIS

バス乗り場
ba-su-no-ri-ba

PARADA DE AUTOBÚS

電車乗り場
den-sha-no-ri-ba

ESTACIÓN DE TREN

エスカレーター
e-su-ka-rē-tā

ESCALERAS MECÁNICAS

トイレ
toi-re

ASEOS

おんすいせんじょうべんざ
温水洗浄便座
on-sui-sen-jō-ben-za

INODORO CON CHORRO
DE AGUA

ようふうべんき
洋風便器
yō-fū-ben-ki

INODORO DE ESTILO
EUROPEO

わふうべんき
和風便器
wa-fū-ben-ki

INODORO JAPONÉS

つなみひなんばしょ
津波避難場所
tsu-na-mi-hi-nam-ba-sho

PUNTO DE REUNIÓN
EN CASO DE TSUNAMI

おんせん
温泉
on-sen

FUENTE TERMAL

Expresiones malsonantes

Este es un capítulo un poco peculiar: trata sobre las expresiones malsonantes que proferimos en momentos de enfado o fastidio.

Puede que te sorprenda encontrar este tema en un libro dedicado al primer contacto con una lengua extranjera, ya que en otros libros de idiomas no suele incluirse. Pero, aunque es peliagudo, creemos que es indispensable, porque conocer cómo se usan las expresiones malsonantes puede ahorrarte verte en medio de situaciones incómodas en Japón.

Evidentemente, las palabrotas existen en todo el mundo, no solo en Japón. Es una forma de comunicación que interiorizamos desde niños, pero debemos aprender a lidiar con ella. A veces las decimos de una forma tan automática que ni siquiera reparamos en ello. Y en algunas ocasiones, cuando nos damos cuenta de que las hemos dicho, ya no hay vuelta atrás.

Estas expresiones malsonantes tienen la función de calmarnos cuando sentimos emociones intensas de rabia, decepción, susto, asombro o alegría, entre otras. Y pueden ser más o menos graves, dependiendo de la palabra, del énfasis o de la situación en la que se pronuncian. Unas veces son un simple murmullo para nosotros mismos que nos sirve para desahogarnos. Otras veces, en cambio, puede tratarse de un insulto fuerte e hiriente hacia otra persona, lo que en japonés llaman 罵倒語 ba-tō-go.

Las palabrotas no son un rasgo exclusivo del japonés: ya hemos apuntado que estas expresiones existen en todas las lenguas. En todas se emplean de modo parecido en la vida cotidiana, a menudo inconscientemente. Así pues, no tenemos la intención de denigrar esta lengua asociándola a este tipo de expresiones, sino que pretendemos enseñarte a no meter la pata con ellas.

En resumen, saber manejarte con estas expresiones te ahorrará situaciones embarazosas. Esta es una de las virtudes de este libro.

¡Vamos allá!

La primera palabra que trataremos es くそ *kuso*, que traducida al español sería más o menos «¡Hostia!». Por ejemplo, si alguien tiene la necesidad imperiosa de ir al baño y se encuentra la puerta cerrada, diciendo *kuso* expresa el fastidio que le produce esta situación y que siente una urgencia en el vientre.

Otra palabrota que se usa para manifestar disgusto es さいあく *saiaku*. Referida a situaciones, en español significa algo parecido a «¡Qué desastre!», mientras que si se usa dirigida a una persona podría traducirse como «¡Eres lo peor!».

Continuamos con estos tres insultos:

バカ *baka*
アホ *aho*
ボケ *boke*

Los tres se utilizan en contextos similares y tienen un significado parecido, que en español equivaldría a «estúpido», «tonto» o «idiota».

Si vamos más allá, todavía resultan más ofensivas las expresiones うるせー *uruse* o だまれ *damare*. En ambos casos, se trata de una manera muy desconsiderada de pedir a alguien que se calle. Vendría a ser algo del tipo «¡Cierra el pico!» o «¡Cállate la boca!».

Finalmente, hablaremos de las palabras 死ね *shine* y たばれ *kutabare*, que tienen propósitos similares y podríamos decir que son artillería pesada. Literalmente, envían al interlocutor al mismísimo infierno.

No nos ha resultado fácil presentarte este tema tan sensible, pero está claro que no podemos omitirlo si queremos darte la mayor confianza posible en tu primer contacto con el japonés.

Aunque podríamos seguir ahondando en estas cuestiones, lo más importante es tener estos conceptos claros para no meter la pata. No lo olvides: estas palabras o expresiones tienen gradaciones, expresan cosas distintas y podemos encontrarlas en todas las clases sociales.

Cuando escuches estas expresiones, debes cerciorarte de si el hablante está enfadado, descontento o furioso, o bien si charla en un tono alegre y despreocupado. Y, de todos modos, te aconsejamos que intentes evitar a toda costa todas estas expresiones malsonantes que te hemos presentado.

Recuerda que estas expresiones pueden dejarte en mal lugar, meterte en un brete o incluso poner en peligro tu integridad física. Y, si no las usas adecuadamente, también podrías ofender muchísimo a otra persona sin querer.

148

El habla coloquial
El habla coloquial

En Japón, el habla coloquial se considera a veces un rasgo de decadencia lingüística, una manera de hablar que no es la recomendable. Sin embargo, no hay duda de que es una forma de comunicación más.

Son términos y expresiones que originalmente utilizaban los adolescentes y jóvenes, por lo que se asociaban con el lenguaje propio de la juventud. No obstante, con el paso del tiempo su uso se ha ido extendiendo entre todos los grupos de edad hasta convertirse en algo normal y cotidiano.

En las películas, por ejemplo, que tienen la intención de reproducir el habla actual, estos términos coloquiales ya son habituales, porque en la sociedad también son omnipresentes.

Veremos que, en general, estas expresiones sintetizan o simplifican una emoción o mensaje.

¡Empecemos! El primer término coloquial que presentamos es este:

ウザい (u-zai) molesto, irritante

ウザい expresa descontento o enfado cuando uno se siente molesto o está de los nervios.

El adjetivo siguiente tiene el mismo significado: うるさい (u-ru-sai), que podríamos traducir como «¡Cállate!». Literalmente, significa «muy ruidoso». En ocasiones, puede utilizarse en tono desenfadado y humorístico entre amigos.

マジ / マジで (ma-ji / ma-ji-de) en serio, de verdad, de veras

Puede usarse de forma interrogativa o adverbial cuando uno se sorprende por algo.

それマジで?
So-re ma-ji-de?
¿Lo dices en serio?

マジかっこいい
ma-ji kak_ko-ī
¡Es realmente genial!

キモい! (ki-moi) desagradable

Esta palabra es la forma abreviada de
きもちわるい ki-mo-chi-wa-ru-i
(きもち = sentimiento + わるい = malo).

Puede referirse a personas, animales
o cosas.

エモい (e-moi) conmovido

El término proviene de la palabra
inglesa *emotional* y se refiere a una persona
que está muy conmovida.

心が動かされる
ko-ko-ro-ga u-go-ka-sa-re-ru
Estoy conmovido/a.

ヤバイ (ya-bai) ¡Madre mía! ¡Dios mío!

Esta expresión sirve para situaciones tanto positivas como negativas. Por ejemplo, alguien puede decirla cuando vive la maravillosa experiencia de probar un plato delicioso. Pero también la puede utilizar una persona que, por el motivo que sea, se siente en peligro.

ヤバイ!
ya-bai

ヤバイ!
ya-bai

ウケる (ukeru) ¡Qué gracioso! ¡Qué divertido!

Sinónimo: おもしろい (o-mo-shi-ro-i)

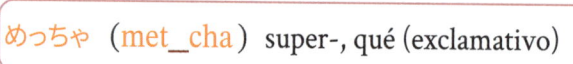

それウケる
so-re-u-ke-ru
¡Es muy gracioso!

めっちゃ （met_cha） super-, qué (exclamativo)

Para enfatizar, se coloca めっちゃ delante de la palabra. Por ejemplo:

めっちゃかわいい
met_cha ka-wa-ī
¡Qué guapa!

めっちゃおいしい
met_cha o-i-shī
¡Qué delicia!

イケてる (i-ke-te-ru)：genial, chulo, bonito

Si quieres expresar que te gusta mucho
un peinado o un modo de vestir, puedes utilizar
esta expresión.

その服 イケてるね!
so-no-fu-ku-i-ke-te-ru-ne!
¡Qué vestido más chulo!

イケメン (i-ke-men)　hombre guapo, atractivo

Esta palabra viene de イケてるメンズ i-ke-te-ru-men-zu.
イケてる i-ke-te-ru: guapo.
メンズ men-zu: chico, hombre.

みて!, みて! イケメンじゃない?
mi-te! mi-te! i-ke-men-ja-nai?
¡Mira! ¿A que es guapo?

ググる (gu-gu-ru) googlear, buscar en Google

Esta palabra proviene del inglés *to google*.

ググってみて。
Gu-gut_te-mi-te
¡Búscalo en Google!

今、ググってる。
i-ma, gu-gut_te-ru.
Ahora lo googleo.

きれい!
ki-rei
¡Qué bonito!

すごい!
su-goi
¡Genial!

さいこう
最高!
sai-kō
¡Fantástico!

かんぺき
完璧!
kam-pe-ki
¡Perfecto!

Elogios

<ruby>褒<rt>ほ</rt></ruby>め<ruby>言葉<rt>ことば</rt></ruby> ho-me-ko-to-ba

<ruby>素晴<rt>すば</rt></ruby>らしい!
su-ba-ra-shī
¡Maravilloso!

<ruby>素敵<rt>すてき</rt></ruby>!
su-te-ki
¡Espectacular!

Un toque de romanticismo

ロマンチック　ro-man-chik_ku

とてもかっこいいですね。
to-te-mo-kak_ko-ī-desu-ne
Eres muy guapo/a.

きれいな目をしていますね。
ki-rei-na-me-o-shi-te-i-masu-ne
Qué ojos más bonitos tienes.

やさしいですね。
ya-sa-shī-desu-ne
Eres muy simpático/a.

恋人はいますか。
ko-i-bi-to-wa-i-musu-ka
¿Tienes pareja?

大好きです。
dai-su-ki-desu
Me gustas mucho.

愛しています。
ai-shi-te-i-masu
Te quiero mucho.

とてもかわいいですね。

to-te-mo-ka-wa-ī-desu-ne

¡Eres tan guapa!

素敵ですね。

su-te-ki-desu-ne

Eres maravillosa.

愛しています。

ai-shi-te-i-masu

Te quiero.

<ruby>結婚<rt>けっこん</rt></ruby>してくれますか。

kek_kon-shi-te-ku-re-masu-ka

¿Quieres casarte conmigo?

<ruby>魅力的<rt>みりょくてき</rt></ruby>です。

mi-ryo-ku-te-ki-desu

Eres adorable.

El país y su gente

ちいき　　ひとびと
地域と人々
chī-ki-to-hi-to-bi-to

Rusia

Corea
del Norte

北海道
Hokkaido

Mar del Japón

青森
Aomori

Corea
del Sur

秋田
Akita

岩手
Iwate

京都
Kyoto

福島
Fukushima

Océano Pacífico

岐阜
Gifu

長野
Nagano

埼玉
Saitama

広島
Hiroshima

東京
Tokyo

千葉
Chiba

福岡
Fúkuoka

愛媛
Ehime

愛知
Aichi

神奈川
Kanagawa

長崎
Nagasaki

高知
Kochi

奈良
Nara

静岡
Shizuoka

沖縄
Okinawa

大阪
Osaka

山梨
Yamanashi

鹿児島
Kagoshima

Para situar a Japón, lo más fácil es mirar un mapa. Pero si quieres saber más sobre su gente, descubrir cómo piensan o qué les interesa, te recomendamos que conozcas algunos de sus refranes.

La fonética japonesa

Símbolo fonético	Ejemplo	Se pronuncia más o menos como...
b	basu	bebé
d	densha	dar
dʒ	jū	como una d seguida de una ll argentina
g	gatsu	gato
h/f	hana/fuyu	Hollywood
k	konnichiwa	casa
m	mune	mesa
n	namae	nadar
ŋ	san	manga (n nasal)
p	pinku	pera
s	sugoi	silla
sh	ashi	como ¡shhh! (para hacer callar a alguien)
r	haru	lámpara
t	totemo	torre
ts	tsunami	robots
w	watashi	waterpolo
y	yubi	yarda
z	hiza	s sonora (como para imitar el vuelo de un mosquito)

Símbolo fonético	Ejemplo	Se pronuncia más o menos como...
a	aka	ala
ā	shawā	a larga
ai	kudasai	ay
e	kekkon	este
ei	sensei	lee
i	suteki	circo
o	ohayō	oro
ou	arigatō	zoo
u	ude	i con la boca como para pronunciar una u

ā, ī, ō		vocal larga
-	-su	separación silábica
_	it_te	pausa breve
u	desu, masu	u muda
u	taku-san, suki	u muda
u	taku-shī	u muda
i	shi-chi	i muda
i	mashi-te	i muda

Significado de los colores utilizados en el texto.

rojo:	sustantivo
lila:	verbo
verde:	adjetivo
naranja:	adverbio
negro:	partícula interrogativa
azul:	prefijo
turquesa:	partícula (indica el sujeto, el complemento, el contraste, la dirección, el lugar de la acción, etc.)
marrón:	interjección / expresión fija / forma de cortesía

Muchos refranes nacen de las experiencias más cercanas y se han transmitido de forma oral, a lo largo de los siglos, de padres a hijos. Por eso, reflejan una forma de vivir y ver el mundo, unos sentimientos determinados ante lo que nos rodea.

Estos son algunos refranes japoneses:

ななころ　や　お
七転び八起き。
na-na-ko-ro-bi-ya-o-ki
Caerse siete veces, levantarse ocho.

おも　た　　　　きちじつ
思い立ったが吉日。
o-mo-i-tat_ta-ga-ki-chi-ji-tsu
El día en que tomas una decisión es tu día de suerte.

しっぱい　　せいこう
失敗は成功のもと。
ship_pai-wa sei-kō-no-mo-to
Los fracasos son el origen del éxito.

けいぞく　ちから
継続は力なり。
kei-zo-ku-wa-chi-ka-ra-na-ri
La perseverancia da sus frutos.

わら　かど　　　　ふくきた
笑う門には福来る。
wa-ra-u-ka-do-ni-wa-fu-ku-ki-ta-ru
La suerte llega a los que sonríen.

¡Ya tienes la preparación necesaria para tu primer contacto con el japonés! Esperamos que te permita vivir experiencias maravillosas.

Disfruta al máximo de este idioma. Después de este primer paso que a lo mejor te asustaba, sentirás la gran alegría de haber aprendido lo básico para hacerte entender en japonés.